勳老 徐正淇 先生 儒敎大全 卷6 史

世界 속의 韓國精神

世界 속의 韓國精神

徐 正 淇 先生 著

한국학술정보㈜

『세계 속의 한국정신』

중 간 서

1. 전통한국정신은 천하학(天下學)의 정신

　내가 동양문화연구소에서 『세계 속의 한국문화』와 『세계 속의 한국정신』을 출판한지 이미 18년이 되었다. 그동안 나는 또 『세계 속의 한국유교』와 『세계 속의 한국예절』을 출간하였는데 우리나라는 세계 속의 한국정신을 크게 발양하여 아시아적 가치의 중심이 되고 이제는 한류(韓流)의 열풍 속에 세계적으로 새시대의 희망으로 떠올랐다.

　우리는 일찍이 천하학(天下學)으로 유명한 자연과학적 합리주의를 추구하여 원형리정(元亨利貞: 생성변화의 원리)하는 천리에 근거하고, 인문과학적 합리주의를 개발하여 인의예지(仁義禮智)의 성리(性理)에 의거하며, 사회과학적 합리주의를 연구하여 효제충신(孝悌忠信)의 윤리에 기초하여 전체적 조화나 개체적 안정을 함께 구현하는 중용사상(中庸思想)으로 관혼상제(冠婚喪祭)의 예법을 제정하여 인간의 이기주의를 스스로 극복하고, 가족주의로 발전해서 나아가 국가주의로 진보하여 마침내 세계주의로 승화하는 대동정신(大同精神)을 숭상하였으니 오늘날 세계의 지성인들이 이러한 위대한 한국정신에 감동하여 마지않은 것이다.

　천하학(天下學)의 철학적 체계는 태극(太極), 음양(陰陽), 4상(四象), 5행(五行), 만물(萬物)이 생성변화함에 있어서 질서정연한 고리로 이어진 순환발전하는 유기체로써 각각의 차원마다 존재하는 원리와 활동하는 기능과 추구하는 목적이 서로 다르기 때문에 다원주의적 복합기능을 하는 것이 그 특색이다.

첫째 현상만물의 생존원리는 자연형태의 원색(原色)으로 존재하면서 같은 종류들 끼리 상생(相生)하며 현실에 적응하여 생장하는 것이 제일이다. 따라서 만물이 처음으로 출생할 때에는 자기의 원색(原色)을 지키면서 생존하는 것이 근본정신이 된다.

둘째 현상만물의 성장원리는 자기의 특색을 살려서 가지각색의 사물들과 연대하여 의존하며 5행(五行)이 운행하는 수리(數理)를 얻어 그 형세를 타야 된다. 5행은 상생(相生)관계와 상극(相剋)관계가 있으므로 상생관계와는 연대하고 상극관계와는 차별화하여 자기성장을 도모하는 것이 제일이다. 따라서 만물이 성장할 때에는 자기의 특색을 살려 연대세력화하는 것이 기본정신이 된다.

셋째 현상만물의 자립원리는 다양한 구색(具色)으로 자기의 정체(正體)를 뚜렷이 확립하여 상호간에 잘 어울리는 조화로운 경영을 할 수 있는 능력을 가지고 4상(四象)의 복합공동체를 만드는 것이 제일이다. 4상(四象)은 태양(太陽), 소음(少陰), 소양(少陽), 태음(太陰)의 네가지 구조적 원상(原象)으로 서로 순환발전하는 까닭에 만물이 자립할 때에는 필수요건을 모두 갖춘 조화로운 구색으로 순수한 정통성과 자립적 주체성을 확립하는 것이 올바른 정신이다.

넷째 현상만물의 화합원리는 하늘이 정한 짝을 찾아서 아름다운 배색(配色)으로 음양(陰陽)의 상대적 협력체를 완성하는 것이 제일이다. 음기(陰氣)는 유정(柔靜)하고 양기(陽氣)는 강동(剛動)하여 강유(剛柔)를 배합하고 동정(動靜)을 결합해서 안정을 이룩하는 것이 고결한 정신이다.

다섯째 현상만물의 통일원리는 하늘의 뜻에 따라 전체가 1색(一色)으로 대통일하여 길이길이 융성(隆盛)하도록 경영하는 것이 제일이다. 태극(太極)의 이(理)는 영원히 불변하는 절대의 진리이므로 태극정신은 완전한 이상세계를 건설하여 영생(永生)의 복락(福樂)을 누리는 최고의 절대가치이다.

우리는 이러한 태극정신을 온누리에 구현하기 위하여 먼저 실천적인 노력으로 음양정신을 발휘했으며, 음양정신을 실현하기위하여 먼저 실천적인 노력으로 4상정신을 발휘했으며, 4상정신을 실현하기 위하여 먼저 실천적인 노력으로 5행정신을 발휘했으며, 5행정신을 실현하기 위하여 먼저 실천적인 노력으로 만물정신을 발양했으니 우리나라는 만물정신, 5행정신, 4상정신, 음양정신과 태극정신이 빠짐없이 있는 것이다.

그리하여 만물의 차원에서는 원색(原色)의 적응제일주의를 추구하고, 5행(五行)의 차원에서는 정색(正色)의 순수제일주의를 추구하고, 4상(四象)의 차원에서는 구색(具色)의 자립제일주의를 추구하고, 양의(兩儀)의 차원에서는 배색(配色)의 화합제일주의를 추구하고, 태극(太極)의 차원에서는 1색(一色)의 완전제일주의를 추구하였으니 지극히 다채롭고 변화무쌍하여 아름답기 그지없는 것이다.

우리나라는 이러한 천하학(天下學)의 사상과 정신으로 민중은 지아비와 지어미를 중심으로 핵가족을 구성하여 부지런히 일해서 재산을 모아 경제적으로 자립하여 부유하게 사는 부호(富戶: 부자집)가 되려는 정신을 가졌고, 선비는 부모를 모시고 처자를 거느리며 형제와 우애하는 대가족을 형성하여 조상을 숭배하고 가족을 사랑하며 나라에 충성하여 도덕과 윤리와 예절을 지키는 양반가(兩班家)가 되려는 정신을 가졌고, 군자(君子)는 임금을 성군(聖君)으로 만들고 청렴결백한 관리의 기강을 세워 천심(天心)을 체득하여 국가산업의 기틀을 살펴서 쉽고 간단하게 자연자원을 이용하며 민생경제를 개발해서 복지낙원을 경영하여 문명국가를 건설하려는 정신을 가졌고, 현인(賢人)은 천하(天下)를 1가(一家)로 의식하고 4해(四海)를 동포(同胞)로 인정하여 사람은 만물의 영장(靈長)이므로 자율자치할 수 있는 능력을 소유하였고 천하는 천하사람의 것이요, 한 사람의 소유물이 아니므로 모든 일을 천명(天命)에 맡기고 초연히 자연과 더불어 낙천열명(樂天悅命)하여 평화로운 세계를 건설하려는 정신을 가졌었다.

역사적 실례로 우리는 아득히 상고시대에 신선세계를 건설하여 봉래(蓬萊: 금강산), 방장(方丈: 지리산), 영주(瀛洲: 한라산), 의 3신산(三神山)이 모두 우리나라에 있으며, 중고시대에는 군자국(君子國)을 건설하여 공자가 마지막으로 희망을 걸고 오려고 하였으며, 근대에는 동방예의지국(東方禮義之國)을 건설하여 구미의 지식인이 와서 중국이나 일본보다 귀족적이라고 찬탄하여 마지않았던 것이다. 이제 우리는 국민소득 15,000불(弗) 시대에 진입하고 있는바 세계 10대부국(富國)의 대열에 들어갈 뿐만 아니라 세계 제1의 부강한 나라를 21세기에 건설해야 되는 역사적 사명이 있다고 할 것이다.

그래야만 서민대중의 민호(民戶)에는 모두 27년을 먹을 수 있는 식량과 재물을 저축하는 민부(民富)를 이루고, 선비의 가문(家門)에는 효자·효녀·효부·열녀와 충신·의사(義士)가 100대(代)에 걸쳐 길이 빛내는 5륜3강(五倫三綱)을 높이 드날리며, 나라에는 군자당(君子黨)이 일어나서 소인당(小人黨)을 제압하고 도덕정치를 실현하여 아첨하고 음란하며 사악하고 무능한 무리를 축출하여 정상모리배를 엄단하고 공무(公務)를 빙자하여 사리사욕을 추구하는 부정부패를 일소해서 청렴강직한 공무원기강을 뚜렷이 확립하며, 사회에는 70이상의 노인은 모든 공직(公職)이나 가사(家事)에서 스스로 은퇴하여 고결하게 늙으면서 자손의 효도를 받으며 자연과 더불어 생로병사(生老病死)에 연연하지 않고 풍화설월(風化雪月)을 즐겨야 장생불사(長生不死)를 모두 흠모할 것인즉 마침내 세계 속에 한국정신을 완전히 구현하는 것이다.

온 나라 사람들이 모두 부유하다고 하여도 예절을 지키는 세가(世

家)가 없으며 언변만 늘어놓고 실천이 없는 소인배들이 정권을 농락하며 욕심이 많은 늙은이들이 세속적 부귀(富貴)를 탐하여 추잡하게 늙는다면 이것은 참으로 한국정신을 더럽히는 형태요 민족사에 죄를 짓는 이단자라고 할 것이다.

민족사에 찬연히 빛나는 우리의 정신적 가치는 대단히 숭고하여 우리민족의 도덕정신은 바로 천도(天道)와 천덕(天德)을 스스로 구현하는 것이고, 우리민족의 윤리정신은 바로 천륜(天倫)과 천리(天理)를 스스로 체현하는 것이며, 우리민족의 예절정신은 바로 천서(天叙)와 천질(天秩)을 실현하는 것이다.

그러므로 그 학문정신이 대단히 철저하여 널리 배우고 살펴 물으며, 신중하게 생각하고 밝게 분별하며, 돈독하게 실천하는 것을 원칙으로 하였으며, 그 경제정신이 대단히 투철하여 성실노력해서 근검절약하며 자수성가(自手成家)하여 널리 베풀어 많은 사람을 구제하는 것을 원칙으로 하였으며, 그 가문정신이 대단히 숭고하여 집안에 도학(道學)과 청백리(淸白吏)가 있을 뿐만 아니라 『시경(詩經)』과 『예기(禮記)』를 전하여 대대로 사랑하고 공경하면서 충성과 효도를 아울러 온전히 하며 문무(文武)를 겸비해서 길이길이 충효절의(忠孝節義)를 지키는 것을 원칙으로 하였다.

그 정치정신은 대단히 겸손하여 먼저 어진이를 추천하며 공론(公論)을 숭상함으로써 공명(公明), 정직(正直), 명확(明確), 책임을 원칙으로 삼았으니 조선왕조실록(朝鮮王朝實錄)이 그 증거물이요, 그 예술정신은 대단히 고상하여 진선진미(盡善盡美)한 운치와 격조를 탐색함과 동시에 현실세계를 이상세계로 승화시키려는 의지를 담는 것을 원칙으로 하였으니 아악(雅樂)과 산수화(山水畫), 사군자화(四君子畫) 그리고 서예(書藝)작품 등이 증거하며, 그 역사정신이 대단히 엄격하여 춘추필법(春秋筆法)을 숭상함으로써 세계의 보편적인 가치기준을 설정하여 문화국을 중심으로 하고 야만국을 종속으로 하며, 도덕정치를 높이고 패권통치(覇權統治)를 천시하며, 착한 사람을 표창하고 사악한 사람을 깎아내리는 것을 원칙으로 하였다.

이러한 한국정신은 모두 천하학(天下學)으로 배양한 위대한 정신이니 인류역사에 가장 빛나는 얼넋이고, 근대세계에 유일하게 우리나라에만 1선(一線)의 양맥(陽脈)이 남아있는 지고지귀(至高至貴)한 인류문화유산이다.

2. 현대한국정신은 4월혁명정신

현대의 한국정신은 자주·민주·통일로 요약되고 그것을 통하여 세계 제1의 도덕국가를 건설하여 인류문화발전에 기여하는 것이라고 할 것이다.

해방시대의 교육을 받은 100만 학도를 중심으로 일제히 봉기하여 자유당의 이승만 정권을 타도한 사월혁명은 민족의 자주·민주·통일의 이념을 총괄적으로 집약한 한국정신의 표출이었다.

"4월혁명은 우리의 현대사에 찬연히 빛난다. 100만 학도의 열렬한 애국심으로 장엄하게 불타올랐던 서기 1960년 4월 19일의 자주·민주·통일의 혁명정신은 어두운 이 땅을 다시 밝힌 광명이요, 괴로운 이 민중을 다시 일어나게 한 희망이요, 갈라진 장벽을 다시 허물게 한 광장이었다.

당시 외세의 민족분열책동에 의존하면서 부정부패를 일삼던 자유당독재정권을 맨손으로 타도한 그 날의 함성은 곧 하늘의 소리였고, 그 날의 피는 곧 한겨레의 넋이었다. 참으로 저 하늘과 이 땅과 5천년 역사와 4천만 민족이 하나로 뭉친 힘이었다.

순결무구한 민족정신으로 분출한 사월혁명정신은 일곱 가지로 요약하면 다음과 같다.

첫째, 반매국 자주혁명이다. 사월혁명은 순수한 민족의 양심세력이 총궐기하여 1945년 8월 15일 민족해방으로 자주독립을 열망했던 민족의 염원을 저버린 이승만 자유당 정권을 타도하고 배청(排淸), 항일(抗日)의 민족정신을 계승하여 이 땅에 진정한 자주독립국가를 건설하기 위한 장엄한 정신이었다.

둘째, 반독재 민주혁명이다. 부정불의한 관권이 민권을 압살하고, 무능한 권위주의가 민주제도위에 군림하면서 장기집권을 획책하는 이승만 독재정권을 타도하고 자유롭고 평등한 인권을 쟁취하여 합법적인 민주사회를 건설하기 위한 위대한 정신이었다.

셋째, 반외세 민족통일이다. 해방후 남북으로 주둔한 미·쏘양군에 의하여 조국이 분단되고 이어 반민족적 분열주의자에 의하여 강대국의 주변국가로 종속되었을 뿐만 아니라 6·25전란으로 동족상잔의 비극까지 겪으면서도 대결만을 고집하는 이승만 독재를 타도하고, 민족혼을 드날려 대동단결의 길을 열고, 민족자주통일의 의지를 뚜렷이 밝히는 빛나는 정신이었다.

넷째, 비폭력 평화혁명이었다. 사월혁명은 평화적으로 이룩하였다. 정의로 불의를 단죄하고 평화로 폭력을 성토하며 진실로 허위를 규탄했다. 100만 학도가 서울을 비롯하여 전국 각지에서 일시에 일어나므로 온나라가 들끓었지만 평화적으로 질서를 유지하면서 단결된 힘을 과시하였다. 그 높은 지성과 정의로움은 세계의 자랑이요, 그 합리적인 실천방법은 인도주의의 극치였다.

다섯째, 반독점 민생경제혁명이다. 일본제국주의의 식민지아래에서 민족생존권을 박탈당했고, 이어 해방 후에는 6·25전란으로 인한 산업시설파괴와 친일지주 및 매판자본가의 국가이익독점으로 민생경제가 파탄지경이었다. 이에 분연히 궐기하여 자유당독재를 타도하고, 사리사욕추구에 열중한 관료의 재산환수하고, 정상 모리배를 징계하여 산업경제를 부흥하여 국민의 생존권보장하고, 도시빈민과 노동자,

농민의 권익을 보호하는 숭고한 정신이었다.

여섯째, 반정객 애국운동이다. 애국자를 가장한 사이비 정객이 사회정의를 외면하고 야욕충족에 혈안이 되어 외세를 등에 업고 신지식을 내세우며 정권쟁탈에 수단과 방법을 가리지 아니 했던 암흑사회를 청산하고, 민족정기를 다시 일으켜 세워 공명정대한 사회를 이룩하려는 애국정신으로 충만하였다.

일곱째, 반부정 공면선거실천운동이다. 1960년 3월 15일 정부통령선거는 우리나라 정부수립 후 하나의 추악한 조작선거이었다. 이에 마산을 비롯하여 거국적으로 부정선거를 규탄하고 그 무효를 선언하면서 투·개표의 부정을 공작한 원흉의 처단을 주장하였다. 이로써 사월혁명이 일어나는 계기가 되었으니 공명선거실천운동의 장엄한 시발이다."(1988. 4. 19. 4월혁명이념연구소 창립발기취지문(안) 서정기 기초)

이러한 4월혁명이념은 1961년 5월 16일 인단의 군장교들이 주도한 쿠데타에 의해 좌절당했다. 5·16쿠데타 세력은 반공을 구실로 향후 30여년간 암울한 군부통치시대의 막을 열었다. 군사정권은 박정희독재 18년 전두환독재 8년 그리고 노태우독재 5년동안 중세적 폭력을 휘두르며 민족의 자주·민주·통일운동을 탄압했다.

3당야합의 산물로 1993년 2월에 등장한 김영삼 문민정부는 역사바로세우기를 표방하며 일제총독부건물을 철거하고, 전두환독재와 노태우독재를 처벌하였으나 박정희독재를 단죄하지 못함으로써 4월혁명의 이념을 계승하는데 실패하였다.

"자고로 난세를 청산하고 정통성과 주체성을 회복하는 역사바로잡기의 시대적 의미는 첫째 인간성을 회복하고 도덕심을 발양하여 예의염치를 알게 하는 것이며, 둘째 사회정의를 구현하고 과학적인 합리주의사상을 일으키는 것이며, 셋째 공명정대한 정치사회를 실현하여 공론을 모아 자주적 창조적으로 국가를 경영하는 체제를 갖추는 것이며, 넷째 건전한 풍속문화를 재건하여 새로운 삶의 풍속을 증진하는데 있는 것이다.

이러한 논거에 기초하여 금번 4월 11일의 총선 결과로 평가하면 문민정부의 역사바로잡기는 거의 실패에 돌아갔다고 해도 과언이 아닐 것이다. 투표율은 역대 선거사상 가장 낮아서 국민의 정치에 대한 무관심은 더욱 높아졌고, 권력 측근의 부정 축재 사건 등으로 정부의 개혁의지에 대한 국민의 의심은 증폭되었으며, 선거유세장과 신문방송에 군사독재의 악령을 미화하는 목소리가 실로 없지 않았으며 또한 비과학적이고 불합리한 대북대응논리에 모든 정치인이 완전히 함몰하는 촌극을 연출하였으며, 파렴치한 군사독재의 잔당들이 전혀 '개전의 정'도 없이 당파를 결성하여 뻔뻔하게 의회로 진입하는 현실에서 문민정부가 추진한 역사바로잡기의 허구성이 낱낱이 확인되었다고 할 것이다.

김영삼정부는 잘못된 정부를 바로잡기 위하여 지난해 5·18특별법을 제정해서 12·12군사반란과 5·17내란범죄를 법적으로 처단하는 조치를 취하여 바야흐로 전두환과 노태우 두 군사독재와 그 일당을 구속 송치 재판중에 있는데도 어찌하여 역사바로잡기의 시대적 의미를 전혀 찾아볼 수 없는 것일까?

그것은 분명 5·16군사반란자를 법적으로 단죄하지 않기 때문이다. 5·17군사반란은 실로 5·16군사반란의 연장이므로 5·16헌정파괴범죄를 법적으로 처단해야만 과거의 군사반란으로 얼룩진 잘못된 역사를 근본적으로 바로잡을 수 있다는 명확한 사실을 외면하면서 지금까지 5·16군사반란자를 조사도 하지 않고, 5·18특별법의 적용시기를 2·12와 5·17로 한정하니 그것은 진정 뿌리를 뽑지 않고 가지만 치는 모양 가꾸기의 일시적, 부분적 청산작업임을 스스로 입증한 결과 사회에는 아무런 새바람도 일어나지 않고, 도리어 유신

잔당들만 면죄부를 얻은 양 기고만장하여 대로를 횡행하면서 국민을 현혹하고 민족을 오도하는 한심한 세상으로 전락한 것이다.

이것은 역사바로세우기가 사람들로 하여금 예의염치를 알게 하는 것이 아니라 더욱 후안무치하게 만들고, 과학적인 합리주의사상을 개발하는 것이 아니라 즉흥적 감정으로 적대심만 증폭시키고, 화합 통일의 질서를 추구하는 행동규범을 확립하는 것이 아니라 배타적인 지역 당파주의를 더욱 강화시키고, 건전한 전통예법과 풍속을 육성 보급하는 것이 아니라 저질외래문화를 더욱 확산시키는 위험한 상황에 봉착했음을 뜻한다.

무릇 역사를 바로잡는 데는 일정한 조건이 충족되어야 한다. 왜냐하면 역사를 바로잡기 위해서는 먼저 역사를 심판하는 도덕 기준이 있어야하기 때문이다. 역사를 심판하는 도덕 기준이 없거나 비록 있다고 하여도 비과학적이고 편벽된 논리에 의존한다면 그러한 역사바로잡기는 성공하기 어렵다. 따라서 역사바로잡기가 성공하기 위해서는 반드시 역사발전을 담보하는 화합통일의 도덕과 선과 악을 명쾌하게 분별하는 분명한 가치관 및 자주적 창조적 실천력을 겸비한 용감한 추진력이 있어야 한다. 그럼에도 불구하고 김영삼 대통령은 4월혁명을 다시 평가하고 4·19묘지를 성역화하면서도 자주·민주·통일의 4월혁명 이념을 구현하는 적극적 노력을 결여했을 뿐만 아니라 또한 4월혁명을 유린했던 5·16군사반란자를 법적으로 단죄하지 않음으로써 스스로 역사바로잡기의 한계를 드러냈으니 이로 말미암아 역사발전을 약속하는 화합통일의 도덕적 기반을 상실하였고, 또한 선과 악을 분별하는 새로운 역사관 정립에 실패한 것이다. 이러한 결과 그동안 문민정부가 추진하는 역사바로잡기의 들뜬 의욕에도 불구하고 우리사회의 고상한 도덕적 품성이나 장엄한 역사정신이나 진취적인 사회기풍은 조금도 발양하지 못하고 전사회를 침잠의 늪으로 빠지게 하고 말았다.

우리가 경계하는 것은 잘못된 역사를 바로잡으려다가 참 역사를 왜곡하는 것이며, 우리가 두려워하는 것은 악이 아니라 악이 선으로 가장하는 것이다.

역사바로잡기가 철저하지 못할 때에 그것은 도리어 사람들로 하여금 과거를 잘못 해석하게 하고, 현재를 오판하게 하며, 미래에 대한 희망이 없게 하는 허무한 역사로 왜곡되어 급기야 나라의 빛을 잃게 하는 것이다.

4월혁명은 이 시대 가장 빛나는 민족정기로써 진리와 허위, 선과 악을 확연히 분리하여 허위와 악의 죄상을 심판해서 진리와 선 앞에 굴복시키는 도덕적 기반이므로 나라의 기강을 확립하기 위해서는 4·19를 유린한 5·16군사반란을 법적으로 처단하는 수밖에 없다."(4월혁명과 역사바로세우기: 서정기 씀, 성대민주동문회보 1996. 5월호)

1998년 2월 아시아에서 처음으로 선거를 통한 정권교체를 실현하면서 등장한 민주당 김대중 국민의 정부는 민주주의와 시장경제를 표방하고 또 햇볕정책으로 화해와 협력의 평화통일노력을 IMF경제 위기 속에서도 경주하여 평양에서 남북정상회담을 개최하여 5개항의 합의문을 발표하였으니 일대 성사가 아닐 수 없는 것이었다.

"2000년 6월 13일부터 15일까지 3일간 평양에서 열린 남북정상회담은 열강들의 패권전략(覇權戰略) 아래에서 55년간 한반도를 뒤덮고 있던 냉전기류를 일순간에 몰아내고 평화통일의 이정표를 자체적으로 세움으로써 우리민족의 자주 역량을 만천하에 과시하는 놀라운 성과를 이룩했다.

두 정상이 처음 만나서 남북의 적대관계를 청산하고, 자주적 평화통일을 위한 5개항의 합의를 극적으로 이루어낼 수 있었던 것은 물론 화해와 협력의 시대로 가는 국제정세의 변화에 따른 것이기도

하지만 그러나 두 정상의 두터운 도덕적 신뢰가 있었기에 가능했다고 할 것이다.

김대중 대통령은 이 땅에 민주주의를 꽃피우기 위하여 세 번의 죽을 고비를 넘기면서도 지조를 굽히지 않았고 대통령으로 취임한 이래 대북 햇볕정책을 일관되게 펴면서 노구(老軀)를 이끌고 평양까지 가는 수고를 아끼지 않은 애국자요, 김정일 국방위원장은 이미 그 아버지의 상(喪)에 4년복(四年服)을 입은 출천의 효자로서 김 대통령을 맞이하는 범절이 출중한 지도자임을 확신시킨 까닭에 국내외로부터 전폭적인 지지를 얻게 되었고, 또한 그 5개항의 합의문이 원만히 실천되리라는 것을 의심치 않게 된 것이다.

이번에 이룩한 성과로 우리가 통일 사업을 추진하는 주역으로 등장했다. 우리의 운명을 우리의 손으로 개척할 수 있는 엄숙한 역사적 현실이 열린 것이다. 우리는 이제 신성한 통일국가를 건설하기위한 구체적이고 실질적인 작업에서 모든 문제를 스스로 해결하지 않으면 안된다.

서로를 인정하여 더욱 공경하고 사양하면서도 공통의 통일 철학을 세우고 신성한 통일국가관을 정립하지 않으면 또다시 지리멸렬한 상태로 전락할 위험이 없지 않기 때문에 이제는 민족 웅비의 원대한 이상을 가지고 출발함으로써 역사에 책임을 지는 자세가 필요하다.

첫째, 바람직한 통일국가는 신성(神聖)하고 영광스러운 역사를 창조하는 작업이므로 민족의 이름으로 성취해야 한다.

국토와 인민과 정부는 전체 국민의 것이지 어느 한사람의 소유물이 아니다. 따라서 통일성업에 나선 남북정상은 가장 신성한 민족적 사명감을 가지고 솔선수범하여 털끝만치도 개인적인 공명심이나 정치적 야욕 없이 푸른 하늘에 태양처럼 선명한 자세를 견지하기 바란다.

둘째, 신성한 통일국가는 역사의 정통성을 확립해야 된다. 5천년 역사의 빛나는 전통을 계승하여 길이 자손에게 자랑스러운 조국을 물려주기 위해서는 민족을 비하하고 역사를 모독하는 풍조를 근절하고, 홍익인간(弘益人間), 접화군생(接化群生), 이화세계(理化世界)의 개국이념을 높이 받들어야 한다.

셋째 신성한 통일국가는 주체성을 확립해야 된다. 적극적으로 지혜를 모아 민족 내부의 모순을 자체적으로 해결하는 능력을 갖추어야 하며, 국제모순도 능동적으로 조정하는 힘을 길러 다시는 국제정세의 소용돌이에 휘말리어 외세에 종속하는 비극이 없도록 강구해야 한다.

넷째, 신성한 통일국가는 도덕성(道德性)을 가져야된다. 사회에 기강을 세우고 인심을 순화하여 아름다운 윤리와 도덕을 일으켜서 세계제일의 도덕국가로 부상해서 새시대의 인류문화 발전에 기여하는 작업을 해야 한다.

우리는 그동안 국토의 분단으로 입은 상처가 너무나 크기 때문에 그 폐해를 이루다 말할 수 없는 현실이다. 이제 통일로 가는 길에는 당장 전쟁을 막고 경제를 살리고 이산가족이 만나고 문화교류를 하는 것도 시급하지만 나아가 지구상에서 마지막으로 냉전의 유물을 청산하여 통일국가를 건설해서 세계 제일의 모범국가로 등장하는 시대적 과제도 절박한 것이다.

그러므로 이제는 지난날의 역사적 교훈을 잊지 말고, 철저한 합리주의와 중용사상에 기초하여 대통일의 질서를 세우고, 대화합의 길을 찾는 노력과 의지로 일관해야 된다. 국제적 분쟁을 해소하고 정치의 혼란을 바로잡는 방법으로 공자는 명실상부해야 되는 정명사상(正名思想)을 갈파하였고, 맹자는 대경대법(大經大法)으로 돌아가는 반경론(反經論)을 주창하였으니 이제 남북의 정치 지도자들은 이 점에 유의하여 앞으로 정치, 경제, 국방, 외교, 교육, 문화 등의 전반에 걸쳐 합일점을 모색하는 과정에서 지켜야 될 덕목으로 삼아야 할 것이다.

공자가 말하기를 "능히 예의로 사양하면 나라를 위함에 무슨 문제가 있으며, 참으로 그 몸가짐을 바르게 하면 정치를 함에 무슨 문제가 있으랴."고 하였으니 끝까지 예의를 지키고 몸가짐을 바르게 지켜야 될 것이다.

일이란 시작이 좋아야 끝이 좋은 법이다. 일을 착수함에 목표가 원대하지 않으면 기대가 적고, 기대가 적으면 신명이 나지 않은 것이다.

우리에게는 위대한 태극일통(太極一統)의 우주관이 있고, 인극도통(人極道統)의 인생관이 있으며, 황극대통(皇極大統)의 정치관이 있으므로 이제 민족의 목표와 역사의 대전제를 명확히 밝혀서 약동하는 민족의 힘을 분출할 때가 되었다." (통일로 가는 우리의 과제: 서정기 씀 2000. 7. 1 유교신문)

2003년 2월에 민주당 대통령후보로 당선한 노무현 참여정부는 진보적 시민사회건설을 표방하면서 개혁정치에 열중하고 있는바 바야흐로 그 의욕이 지나쳐서 천부적 고유영역인 가족제도까지 해체하는 민법개정안을 발의하여 다수 열린우리당의 동조를 얻어 국회를 통과하고, 대통령의 서명공포까지 하였으니 앞으로 민족정체성의 확립문제와 도덕국가건설의 좌표설정에 혼돈을 초래할 위험을 안게 되었다.

법적으로 가족과 가정을 인정하지 않고, 호주제도를 폐지하고, 성씨(姓氏)를 임의로 변경하며, 동성동본혼(同姓同本婚)을 9촌까지 허용하는 민법은 전통한국정신의 가장 고귀한 가치를 훼손하는 것이고, 민족의 긍지와 자존심을 박탈하는 것이며, 불신의 저질사회를 조장하는 것이요, 가정도덕을 붕괴해서 개인이기주의를 확산하는 악법으로 반드시 저지해야만 우리의 미풍양속을 지킬 수 있을 것이다.

만물에는 근본과 말단이 있고 만사에는 시작과 끝이 있으니 그 근본을 어지럽게 해놓고 말단을 잘 다스리는 것이 없는 것이다.

"가족과 가정은 하늘이 정한 인류사회의 기본 단위로서 영원히 불변하는 지상 최고의 절대가치이다.

그러므로 도덕윤리는 가족의 정체(正體)를 밝히는데서 비롯하고, 문명생활은 가정의 화합을 이루는데서 말미암기 때문에 우리나라는 그동안 가정예절을 지키고 가정의 날을 정해서 가족의 혈연관계를 확인하고 가정의 안녕과 행복을 추구하여 애정과 의리와 예절과 지성과 믿음으로 한 평생을 살았고, 또한 가족이 죽으면 모여서 슬프게 장사지내고, 해가 지나 못 견디게 그리우면 제사를 지냈으니 인간의 희노애락(喜怒哀樂)이 모두 여기에 바탕 하였고, 인생의 길흉화복(吉凶禍福)이 모두 여기에 매여 있었던 것이다.

우리의 전통적 생활방식이 이것을 숭상하여 국가적으로는 가정을 보호하고 가족이 대대손손 이어가도록 법률과 제도로 보장하였고, 사회적으로 가족이 번창하고 가정이 화목한 것을 가장 가치 있게 사는 삶으로 인정하여 효자와 열녀를 크게 표창해서 교육의 사표와 정치의 목표로까지 삼았거늘 이제 국회를 통과한 민법개정안은 호주제를 폐지하여 소위 1인1적 제도를 도입한다니 이것은 가족의 정체를 파악하는 가통을 끊고, 가정의 화합을 조성하는 중심체를 파괴한 내용인즉 하늘의 뜻을 거역하고 사람의 도덕에 어긋날 뿐만 아니라 우리 헌법정신에 위배되기 때문에 노무현 대통령은 절대로 이 법안을 서명공포해서는 안된다.

우리 5천년 역사에 가족을 해체하고, 가정을 파괴하는 법률이 어느 시대에 있었던가? 단지 박정희 정권시대에 소위 가정의례준칙이라는 것을 강요하여 전통가정예절을 파괴한 사례는 있었지만 이번의 법안처럼 가족도 가정도 모두 국법으로 인정하지 않는 일대변고는 없었기에 어지러운 정치적 변동기를 겪고도 이만큼이나마 떳떳한 우리들의 가정을 유지보존 하였던 것이다.

우리나라의 유구한 정치의식은 대단히 높아서 국(國)으로 표시하여 국민만을 인정하는 외국과는 다르다. 우리는 국민뿐만 아니라 가

(家)를 결합해서 국가로 표시하여 왔는데 이제 국민만 인정하고 국가를 부정한다면 이것은 정통적인 국가의 이념과 목적을 변질하여 훼손하고 민족사를 단절시키는 경천동지(驚天動地)할 대 사건이 아닐 수 없는 것이다.

바야흐로 노무현 대통령은 자신을 위하고, 나라와 민족을 위하고, 억조 민중을 위하며 나아가 하늘에 순응하고 민심에 호응해서 절대로 이 개악 민법을 서명공포해서는 안된다." (성명서, 노무현대통령은 절대로 민법개정안을 서명공포해서는 안된다: 서정기 2005년 3월 7일)

무릇 인간의 정신적 가치는 유구한 전통으로 빛나고, 물질의 실용적 가치는 날로 새로워야 아름다우니 지킬 것과 고칠 것을 분별하는 큰 안목이 있어야 세계 속의 한국정신을 길이 드날릴 것이다.

3. 미래한국정신은 천하1가(天下一家) 정신

미래의 한국정신은 천하가 일가(天下一家)라는 4해동포(四海同胞) 정신으로 승화시켜야 한다. 그러기 위해서는 우리의 예절바르고 정다운 가정문화를 굳게 지켜서 국제적 모범가정으로 육성해야지 절대로 전통가풍을 파괴해서는 안되는 것이다.

① 국민에게 간절히 호소함

"호주제를 폐지하고 동성동본혼을 허용하는 금번 민법개정안은 양식 있는 민족정서로는 결코 인정할 수 없는 중대한 이유가 있습니다.

첫째, 호주제를 폐지하는 것은 가족구성원의 근본을 없애고 가정이라는 울타리를 허물어 개인이기주의와 인간소외를 확산하게 됩니다.

둘째, 동성동본혼을 허용하는 것은 인간의 품성을 해치고 혈연관계를 어지럽혀서 결국 끼리끼리만 사는 폐쇄사회를 조장할 것입니다.

셋째, 새로운 호적법과 동성동본혼의 허용한계도 제정하지 않고 먼저 현행민법부터 개정하여 2008년 1월 1일부터 시행한다고 하는 것은 앞으로 3년간 찬반세력간의 무한대결의 구도를 만들어 끝없이 국력을 소모하게 될 것입니다.

이러한 우려가 있음에도 저 개정안을 시행한다면 불을 보듯이 가족윤리가 무너지고 사회풍속이 타락할 뿐만 아니라 실로 국가이념을 변질하고 자연도덕까지 역행하는 엄청난 사건이 속출하게 될 것입니다.

세상에 완전무결한 법률제도가 어디에 있습니까? 현상의 상대세계에서 양극의 모순을 완전히 수용하기는 지극히 어렵고 또한 시작은 좋았어도 오래되면 그 말폐가 생기는 것이 자연변화의 속성입니다.

한 가족을 한 장의 문서에 함께 기록해서 가족의 신상관계를 일목요연하게 파악하도록 만든 기존의 호적부는 그래도 합리적이고 동성동본을 금지하는 전래의 혼인법은 대단히 지성적인 것입니다.

오늘날 결손가정이 늘고 이혼이 증가하며 노인자살이 만연한데대한 대책은 논하지 않고 오히려 정치적으로 약간의 보완사항만 마련하면 아름다운 가족문화를 건설할 수 있는 민법의 뿌리를 송두리째 뽑아서 없애고 어떻게 할 것입니까?

이미 민족이 분열해서 반세기를 대립과 갈등 속에서 살고 있는데 다시 가족까지 분해하여 남남처럼 살게 해서는 안 됩니다. 간절히 호소하건데 가정의 질서로 사회를 화합하고 가족의 통일로 민족의 통일을 도모하기위해서라도 전 국민이 총궐기하여 민법개정안의 공포를 저지합시다. (호소문: 서 정 기 2005. 3. 3.)"

② 노무현 대통령께서는 민법개정안을 서명공포하지 말 것을 청원합니다

"동양문화연구소 소장 서정기는 삼가 대통령께 호주제를 폐지하고 동성동본혼인을 인정하는 민법개정안에 대하여 거부권을 행사하여 서명공포하지 말고 국회에서 다시 의결하여 완벽하게 개정할 것을

간절히 청원합니다.

그 이유를 간단히 요약하면 지난 50년 동안 민법개정을 주장한 요지는 한결같이 남녀평등과 여성해방이 그 궁극적 목적이었습니다. 그것은 자유롭고 평등한 부부생활의 행복권을 추구하려는 것으로 아무도 반대할 이유가 없는 당연한 논리이고 정부에서 앞장서야 되는 시대적 과제입니다.

그러나 작금의 민법개정안은 부부의 자유롭고 평등한 행복을 보장하려는 목적과는 상치되는 것으로 현실에 나타난 부작용만 해결하려는 미봉책뿐이요 현대사회에 소망스러운 내용이 없어서 이미 나타난 부작용을 해결하기도 전에 새로운 부작용이 나타날 위험의 소지가 많습니다.

우리나라 전통 가족법은 현실에서 파생하는 여러 가지 부작용과 말폐가 없지는 않았지만 그래도 여기에는 인본주의를 바탕으로 하는 합리주의와 중용사상 및 대동정신의 높은 이념과 숭고한 목적을 담고 있는 것인데 금번 국회를 통과한 민법개정안에는 이러한 이념과 목적을 찾을 수 없을 뿐만 아니라 도리어 이것을 폐기하는데 이르렀다고 하겠습니다.

첫째로 호주제를 폐지하여 하늘이 정한 인류사회의 기본단위를 국가의 법률로 인정받지 못하게 됨으로써 가족과 가정의 존재가치가 없어진 것이고 둘째로 동성동본금혼법을 폐지하여 하늘이 정한 배필로 짝을 지어 사는 신성한 혼인법을 인간이 임의로 선택하여 사는 남녀 동거식으로 격하시켜서 혼인의 의미를 평가 절하한 것입니다.

만일 대통령께서 이 법안을 서명 공포하시면 그 날로 국민전체가 국법에도 없는 가족이 국제(國制)에도 없는 가정에서 임의 동거하는 신세로 전락되어 부부가 생사고락을 함께할 이유도 까닭도 없고 자녀를 생산하고 조상을 받들 필요도 책임도 없게 될 것입니다. 그것을 어찌 남녀평등이요 여성해방이라고 하리까. 필연적으로 각각 서로의 이해득실에 따라 어지럽게 이합집산 하는 혼란이 야기될 것인데 국민의 가족정신과 가정의식과 부부관념이 여기에 이른다면 자연상태의 동물들과 무엇이 다르겠습니까.

자연적 동물세계는 오직 적자생존, 양육강식의 자연과학적 합리성만 있고 이성과 양심과 순정을 가진 인문과학적 합리주의가 없으며 윤리적인 도리와 의리를 지키는 사회과학적 합리주의도 없으며 조직을 구성하는 개체가 빠짐없이 제자리에서 화합 통일하여 안녕과 보람을 추구하는 중용사상도 없고 그 조직체를 중심으로 동류와 이류와 만물이 함께 공생하는 대동정신도 없습니다. 그렇기 때문에 짐승들의 자유는 대립과 경쟁 속에서 끊임없이 쟁취한 승리의 결과물이며 짐승들의 평등은 이해상관과 세력균형을 위해서 일시적으로 타협한 소득일 뿐입니다.

어찌 5천년의 유구한 문화전통에 빛나는 동방예의지국의 사랑과 존경, 사양과 감사로 이룩한 평화로운 가족질서를 훼철하여 한 가정의 부자와 형제와 부부사이까지 생존경쟁의 권리투쟁으로 몰아넣어 하루도 편할 날이 없이 정력을 소모하고 시간을 낭비하도록 방치하겠나이까.

가장 이상적인 인류의 헌장으로 가족법을 개정하기 위해서는 하늘이 만물을 다스리는 천연(天然)의 질서와 자연의 변화를 본받아야 합니다. 하늘은 만물을 본말(本末), 상하, 내외, 전후, 좌우의 공간에 상대적으로 분포해서 자체적으로 안정상태를 유지하게 한 다음, 춘하추동 4계절의 시간을 운행하여 12개월을 1년 단위로 순환 변화케 해서 날로 진보하고 달로 개혁하여 희망찬 미래를 약속하는 것입니다.

따라서 현실세계는 절대 자유 독립할 수 있는 공간도 없고 변화하지 않을 수 있는 시간도 없습니다. 오직 전체적 관계 속에서 안정을 찾아야 되고 더불어 변화하는 가운데 발전을 도모할 수밖에 없는 까닭에 결국 둘이면서 하나이고 하나이면서 둘인 관계를 설정하여야만 자유스럽고 평등한 인간관계를 성취할 수 있는바 이것을 양주쌍전주의(兩主雙全主義)라 하였습니다.

양주쌍전주의는 아버지는 큰 주인이 되고 아들은 작은 주인이 되며 아내는 안주인이 되고 남편은 바깥주인이 되어 한집을 함께 경영하는 필수불가결한 관계로 설정한 것입니다. 여기에 서로 각각 자유로운 주체의 권리를 존중하는 의무와 화합 통일하여 일심동체로 사랑하고 공경하는 평등이 있는 것 입니다. 부자와 부부가 서로 권리를 존중하면 얼마나 자연스러우며 서로 그 지위와 체면을 공경하면 얼마나 평등하겠습니까.

이러한 부자와 부부관계는 적자생존, 약육강식의 경쟁논리로는 결코 이루어질 수 없고 오직 공동체의 이념과 목적을 통일하고 분업 협동하여 분수를 지키는 양주쌍전주의로만 실현할 수 있는 것입니다.

대통령께서는 이러한 점을 심사숙고 하시어 억조 가족의 불안을 깨끗이 해소하고 천만가정의 공포를 완전히 해결하며 억천 부부의 절망을 모두 구원하시어 자자손손 길이길이 만복을 다같이 누릴 수 있는 민법개정안을 다시 만들어 주시기를 간절히 우러러 청원하나이다. (청원서: 서정기 2005. 3. 8.)"

③ 노무현 대통령께 간절히 호소합니다

"민법은 국민의 기본생활을 규정하는 국가의 중대한 법으로 진선진미(盡善盡美)한 내용을 담아도 현실에서는 부작용이 없지 않은데 하물며 위험요소가 있는 민법개정안을 대하니 가슴이 뛰고 앉은자리가 불안하여 감히 궐기하여 민법개정안을 서명공포하지 말라고 호소하지 않을 수 없나이다.

대통령께서 저 민법개정안을 발의하신 뜻은 이미 선거공약이고 또한 참여정부의 개혁정책을 실현하기 위한 것으로 그 목적이 민중의 고통을 해소하고 진보적 시민사회를 건설하며 개인의 행복을 증진하려는 숭고한 정신에 있다고 사료합니다. 그러나 작금의 민법개정안은 호주제도를 폐지하고 동성동본혼을 법적으로 인정함으로써 그 목적을 실현할 수 없을 뿐만 아니라 오히려 민중의 고통을 증폭하고 퇴영적 저질사회를 조장하며 가정을 불행의 늪으로 몰아갈 위험성을 배제할 수 없어 차례로 그 사유를 논하겠습니다.

첫째 저 민법개정안으로는 민중의 고통을 해소하지 못하고 오히려 민중의 고통을 증폭할 수 있는 위험의 소지가 있다는 사유를 말씀드리겠습니다.

역사적으로 국민일반을 규정한 민적(民籍)제도가 있음에도 또한 호적제도를 창안한 근본 뜻은 저 서민대중의 가족혈통을 국가가 보증하여 유한하고 허무하게 살며 홀로 떠돌아다니는 불쌍한 민중에게 가족의 혈연관계로 가정이라는 법률적인 울타리를 만들어서 그 조상과 자손이 일체(一體)가 되게 하여 그곳에 마음을 붙여 정들게 하고 나아가 혈통의 유구한 의미와 무궁한 가치를 깨닫게 해서 뿌리가 깊을수록 가지가 무성하고 꽃과 열매가 풍성한 것처럼 억조 민중의 융성한 미래를 국가가 길이 보장하기 위한 것입니다.

자고로 임금이나 공경대부(公卿大夫)는 자체적으로 하나의 가(家)를 이룩하여 그 대소가(大小家)의 계통을 밝히는 가승(家乘)과 가보(家譜)와 족보(族譜)가 있기 때문에 구태여 국가에서 보증할 필요도 없고 또 국가의 보호를 요청하지도 않습니다. 오직 거처도 없이 떠돌아다니거나 비록 거처가 있어도 방 한간이요 설령 집이 있다고 해도 울타리가 없이 사는 하층민중의 집을 호(戶)라고 규정하였으니 곧 외짝 문을 달고 사는 고립되고 단출하여 천지사방에 의지할 곳이라고는 국가밖에 없는 이들에게 국가에서 당당한 호적부(戶籍簿)에 올려 그 뿌리를 밝혀주고 그 자손을 확인케 하였던 것인데 이제 호주제를 폐지하고 주민등록부만도 못한 1인1적제로 바꾸면 믿을만한 울타리가 없어 뿔뿔이 흩어진 민중이 어디에 안주(安住)하여 영생

(永生)의 복락(福樂)을 누리겠습니까?

소수의 고통 받는 사람을 구제하기 위하여 다수의 민중을 거친 세상에 방치한다는 것은 천부당만부당합니다.

대통령께서는 이점을 살피시어 다수 민중을 허무한 존재로 만들어 방황하도록 방치하여 그 고통을 증폭시키지 말기를 간절히 호소합니다.

둘째 저 민법개정안으로는 자유롭고 평등한 진보적 문명사회를 건설하지 못하고 도리어 퇴영적 저질사회를 조장할 위험의 소지가 있다는 사유를 말씀드리겠습니다.

이 세상은 상대적 세계이고 공존의 마당입니다. 공간적으로 동서남북과 상하내외가 서로 대칭하고 시간적으로 춘하추동과 주야한서가 서로 교대함으로 모름지기 진보적 시민사회를 조성하려면 먼저 보수적 가정문화를 구현해야 됩니다. 왜냐하면 진보적 가치와 보수적 가치를 서로 섞어버리면 이것도 저것도 아닌 어중간하여 성숙하지 못하게 되고 만일 모든 분야에 획일적으로 진보적 가치만을 추구하면 마침내 사회가 균형을 잃고 표류하게 되며 역시 일률적으로 보수적 가치만을 추구하면 끝내 정체되어 몰락하게 되므로 각각의 가치를 극대화하기 위한 방법은 두 가지 기능을 상대적으로 분포시키고 교대하여 추진하는 지혜가 필요한바 하늘이 선천적으로 정한 가정의 보존문제는 부득이 질서와 화합을 추구하는 보수적 가치를 위주로 하지 않을 수 없는 것이고 인간이 후천적으로 건립한 국가의 발전 문제는 당연히 국민의 자유와 평등을 실현하는 진보적 가치를 위주로 하지 않을 수 없는 것입니다.

따라서 가정에는 질서와 화합이 가장 고귀하고 국가에서는 자유와 평등이 가장 신성하여 예로부터 형법이 3천 조항이었지만 가정질서를 파괴하는 불효보다는 더 큰 죄(罪)는 없고 국가사회의 자유와 평등을 훼손하는 불충불의보다도 더 큰 악(惡)은 없다고 하였습니다.

대통령께서는 진정 이 나라에 자유롭고 평등한 진보적 사회를 건설하시려거든 반드시 먼저 보수적인 가정윤리로 효도하고 우애하는 풍토를 바로 세워서 불효 불충한 무리가 날뛰는 퇴폐적 저질사회로 전락하지 않도록 제도적 장치를 먼저 민법에 마련하실 것을 간곡히 호소합니다.

셋째 개인의 행복만을 증진하고 가정의 행복을 도외시하면 국민을 불행의 늪으로 몰아넣을 위험의 소지가 있다는 사유를 말씀드리겠습니다.

국민의 행복을 보장하는 길은 가정을 안정하도록 법률로 보장하는 것이 가장 중요한데 이제 저 민법개정안은 법적으로 가족과 가정을 부인하였으니 개인의 행복은 얻을지 모르지만 가족과 가정의 행복은 법적으로 보장받을 수 없게 되었습니다.

대저 사람에게 있어서 개인의 행복은 겨우 오복(五福)을 누리는데 지나지 않습니다. 그러나 가족과 가정의 행복은 십복(十福)으로부터 시작하여 백복(百福)과 천복(千福)을 거처 만복(萬福)을 누릴 수 있는 길을 열어줍니다. 그래서 혼인을 생민지시(生民之始)요 만복지원(萬福之源)이라고 일컬어 왔습니다. 개인주의로 혼자만 안락하게 사는 것보다는 가족주의로 과거의 조상과 미래의 자손을 포함하여 함께 안락을 누리고 나아가 국가주의로 국민과 함께 안락을 누리고 더 나아가 세계주의로 인류전체가 함께 안락을 누리는 즐거움이 더욱 클 것이고, 자기만을 위하는 행복보다는 가족과 국가와 천하를 위한 행복이 더욱 값질 것입니다. 어찌 21세기의 현대 문명세계를 경영하면서 초라하고 외소한 개인행복에만 몰두하도록 방치하겠습니까?

사람의 행복과 보람은 스스로 찾는 것이 가장 값지고 국가의 도움을 받는 것이 그 다음이며 모르는 남에게 받는 것이 가장 부담스러운 것입니다. 시민의 봉사에 의존하여 누리는 행복이 자손의 효성에 의하여 누리는 행복만 하겠습니까?

대통령께서는 이점을 숙고하시어 가정을 행복의 근원으로 만들어 우리나라 가가호호(家家戶戶)마다 자손만대에 걸쳐 일만 가지 복록이 넘치게 하는 완전한 민법개정안을 만들기 위하여 결연히 민법개정안을 서명공포하시지 말고 국회로 환송하여 다시 논의하게 하실 것을 저 높은 하늘을 바라보며 강력히 호소합니다. (호소문: 서정기 2005. 3. 10.)"

④ 민법개정안 반대 국민연합 창립 선언문

"우리는 세계제일의 아름다운 대한민국 가족문화를 영구히 지키기 위하여 지난 2일 국회를 통과한 호주제와 동성동본금혼법을 폐지하는 민법개정안 반대 국민연합을 창립하여 결연히 투쟁할 것을 선언한다.

우리나라는 5천년의 유구한 전통에 빛나는 가족법과 혼인법으로 상고시대에는 신선국(神仙國)을 건설하고 중고에는 군자국(君子國)을 건설하였으며 근대에는 동방예의지국(東方禮義之國)을 건설하였다. 이제 그 역사적 전통을 이어받아 현대 도덕국가(道德國家)를 건설하여 한겨레의 가정문화를 세계에 길이 드날리는 것이 우리 대한민국 헌법정신이고 이 시대 국민의 사명이라고 우리는 확신한다.

그럼에도 국회는 지난 2일 호주제와 동성동본금혼법을 폐지하는 민법개정안을 가결하였고 장차 대통령 서명공포의 절차만 남겨놓았으니 세계에서 유일(唯一)하게 인류문화전통을 지켜온 우리 가족법이 눈앞에서 무너지는 절체절명(絶體絶命)의 위기를 맞았다.

오늘 우리는 분연히 궐기하여 친근하게 사랑하고 서로 공경하는 가족관계와 정답고 편안하게 사는 가정생활과 순결하고 사모스러운 혼인제도를 파괴하는 천인공노(天人共怒)할 저질행위(低質行爲)를 엄중히 규탄하고 도덕과 윤리와 예절을 끝까지 수호할 것을 엄숙히 국민 앞에 스스로 다짐한다.

노무현 대통령은 거부권을 행사하여 작금의 민법개정안을 서명공포하지 말고 국회로 환송해서 다시 논의할 것을 강력히 요구한다.

국회는 국민을 법적으로 가족도 가정도 없이 환부역조(換父易祖)도 하면서 심지어 9촌까지 혼인할 수 있게 하도록 하늘의 이치를 거스르고 도덕적 양심에 어그러지며 윤리를 어지럽히는 풍조를 유인하고 조장할 위험요소가 있는 민법개정안을 통과시킨 책임을 지고 국민에게 사죄하고 진선진미(盡善盡美)한 민법으로 재개정할 것을 촉구한다.

호주제도와 동성동본금혼법 폐지론자는 자유 평등 해방이라는 덕목은 마땅히 일반사회에서 찾아야 되는 가치이고 가정에서는 질서, 화합, 평화가 더욱 중요한 가치임을 분명히 깨닫고 그동안 가족관계(家族關係)를 인간관계(人間關係)로 착각 오인한 점을 깊이 자성(自省)하여 국가민족에게 사죄하고 더 이상 아름다운 우리 가정문화를 파괴하지 말 것을 엄중히 경고한다.

우리는 조상에게 부끄럽지 않은 사람이 되기 위하여 그동안 열렬하게 성원해주신 다수 국민의 성원에 감사하고, 또한 기존의 민법으로 고통 받는 사람에게 하루속히 고민이 해결되기를 기원하며, 어떠한 경우에도 계속 미풍양속인 가례(家禮)를 고수하여 세계 제일가는 도덕국가를 건설하고 자손만대에 걸쳐 가정에 만복(萬福)이 충만해서 만수무강(萬壽無疆)하시기를 진심으로 기원한다.(선언문: 민법개정안반대국민연합: 대표 서정기외207명 2005. 3. 14.)"

미래의 한국정신은 예절바르고 인정이 넘치는 세계유일의 아름다운 우리의 가족문화를 바탕으로 한 미풍양속으로부터 이룩된다는 사실을 깨달아야 한다.

2005. 4. 7.

동양문화연구소 소장 서 정 기 씀

「世界속의 韓國精神」에 붙이는 말

　우리 동양문화연구소에서는 지난 17년간 오로지 한겨레의 전통문화를 재창조하기 위하여 한결같이 노력하여 왔다.
　이제 그 노력의 결실을 차례차례 엮어 동양문화연구논총으로 다섯번째 펴내게 되었으니 이 나라에도 한쪽에서 말없이 조국의 역사와 문화를 사랑하여 지극히 아끼는 학자들이 있다는 것을 알게 되리라.

　"세계 속의 한국정신"은 이미 제1집으로 펴낸 "세계 속의 한국문화"의 연장이다. 문화가 외형적인 가치라면 정신은 내용적인 힘이라고 할 것인즉 이 책은 평생을 동양고전 연구에만 몰두한 徐正淇선생의 학문적 절정이라고 할 것이다.

　오늘날 우리민족의 자주역량이 절실히 필요하다면 이 책에서 밝힌 한국정신의 본질은 온 겨레의 마음을 격동케 하여 크게 각성시켜줄 것이며 오늘날 우리에게 아름다운 政治規律이 필요하다면 이 책에서 밝힌 大道政治는 모든 사람에게 희망을 갖고 분발 하게 할 것이며, 오늘날 우리에게 지난 역사의 구체적인 거울이 필요 하다면 宋子의 事業과 道德은 이 시대 우리의 처지에 밝은 역사적 거울이 되리라.

이러한 뜻에서 우리는 躍淵 徐正淇선생의 학문을 자랑하기보다는 시대적 사명을 조금이나마 완수 하였다는 긍지를 간직 하면서 이 작은 논총을 감히 민족의 앞길에 바치는 바이다.

1988. 2. 15

東洋文化硏究論叢　編輯委員長

東 洋 文 化 硏 究 所　理 事 長

崔 昌 學　謹識

머 리 말

우리나라의 자주자립과 민주통일은 오늘 한겨레 앞에 놓인 두 가지 커다란 과제이다. 한국은 今世紀에 있어서 抗日 獨立鬪爭과 反獨裁 民主義擧의 歷史이었다.

20세기의 전반기는 제국주의 열강의 威勢아래 倭帝의 殘酷한 侵略으로 朝鮮王朝가 무너지고, 倭賊總督의 敵治 밑에 놓였다. 亡國奴의 무서운 굴레는 宗族滅絶의 危機에 處하여 끊임없는 不安과 恐怖와 絶望의 연속이었다.

草根木皮에 의지하는 가난한 삶, 개 돼지처럼 천대 받는 몸, 암담하고 처참한 현실에 놓인 우리겨레는 분연히 일어나 국가민족의 자주독립 투쟁을 줄기차게 전개 하였다.

나라의 主權을 찾고, 人權을 찾기 위한 抗日義兵戰爭을 비롯하여 己未 3·1獨立運動과 이어 國內外의 反日獨立鬪爭은 한민족 5천년 역사정신의 빛나는 얼넋으로 가장 진실하고 장엄하고 숭고한 것이었다.

太平洋戰爭에서 美中蘇聯合軍이 勝利 함으로 말미암아 마침내 倭敵이 敗亡하고, 우리나라는 光復解放을 맞이하였다. 그러나 불행하게도 남북으로 駐屯한 美蘇兩軍에 의하여 급기야 祖國이 分斷 되는데 이르니, 20세기 후반기는 서기 1950년 6·25戰亂으로 시작 하였다.

3년에 걸친 남북 戰亂은 이 땅을 폐허로 만들었으니, 光復獨立의 기쁨을 同族相殘의 슬픔으로 바꾸어 놓았고, 自由平等의 希望은 外勢에 從屬하는 悲運으로 되돌려 놓았을 뿐만 아니라, 갈수록 社會的 갈등과 민족적 모순이 더욱 첨예화하여 相互 憎惡하는데 이르렀다.

國家安保의 絶對權은 武斷獨裁를 出現하여 政權維持의 方便이 됨으로써 政商謀利輩가 그 가운데 날뛰어 매판권세를 장악하고 사리사욕을 충족하는데 열중함으로써 지역간의 차별 세대간의 갈등, 계층간의 모순은 그 極度에 이르렀다.

이에 시민, 학생, 대중은 4·19革命을 비롯하여, 釜山馬山抗爭과, 光州義擧, 京仁地域을 시발로 各地에서 일어난 6月抗爭에 이르기 까지 끊임없이 反獨裁 反外勢鬪爭을 계속하였다.

벌써 20세기는 저물어 가는데 아직도 민주화의 길은 요원하고, 통일의 길은 험하기만 하다. 나는 이와 같은 눈앞의 현실을 매우 심각하게 인식하고, 냉철한 理性으로 匡正의 길을 모색 하여, 먼저 가장 보편적인 우리의 얼넋을 찾고, 가장 합리적인 政治의 大道를 밝히며, 지난 역사 속에서 가까운 先例를 거울로 삼아 民族現實의 문제를 해결 할 수 있는 방안을 제시 하고자 한다.

이제 20세기의 남은 10여년은 우리에게 있어서 지난 100년의 試鍊을 극복하고 2000년대 民族雄飛의 기초를 확립하는 절호의 기회일진대 이 작은 책이 바야흐로 民族의 슬기를 모으는데 도움이 되기를 바라는 바이다.

分斷祖國 44年 3月 1日

東洋文化硏究所長 徐 正 淇 謹識

목   차

第3篇 宋子의 事業과 道德 ···························· 131

第1篇 韓國精神의 本質

제1절 精神論

사람은 精神이다. 정신은 거룩하여 그 힘이 剛健하며, 그 길이 中正하며, 그 바탕이 純粹한 것이다. 하늘땅 사이의 만물 가운데 오직 사람이 가장 神靈한 精氣를 받고 태어났으니, 본래 사람의 몸에는 崇高한 정신이 깃들어 있는 까닭에 스스로 誠實尊嚴한 理性과 明哲能通한 才質이 있으므로 사람의 정신은 가장 거룩한 것이다.

대저 한 몸의 主宰者는 마음이요, 마음은 性理와 精神의 統一體이다. 마음이 한 몸을 主宰하는 原理는 本體의 性理이며, 한 몸을 主體하는 機能은 現象의 精神이다. 그러므로 그 主體機能인 精神이 먼저 맑고 씩씩하여야만 그 本體性理인 善德을 온전히 밝힐 수 있는 것이니 바야흐로 마음의 虛靈한 知覺이 本體의 眞理를 모두 갖추어서 現象의 事物에 두루 感應하게 되는 것이다. 이와 같이 人間精神이 있으므로서 肉身에 活力이 넘치고 心靈이 惺惺하게 빛나서 가까이는 한 몸을 능히 主體하고 멀리는 宇宙를 잘 經營 할 수 있는 까닭에 맑고 씩씩한 정신은 人間의 本質이 되는 것이다. 만일 정신이 흐리게 되면 虛靈한 知覺도 어두워지게 되어 마침내 理性을 잃고 오로지 情慾에 얽매이고 感覺에 사로잡혀서 끝끝내 迷夢에서 벗어나지 못하게 되므로 이에 그 人格의 尊嚴性을 喪失하고 마는 것이다.

따라서 정신이 오직 또렷하여야만 마음의 主宰能力이 英明하게 되어 理性에 徹底하여 하늘땅의 義氣를 받들고 勇敢하게 精進하는 人格을 確立 할 수 있는 것이요, 한 때라도 自己精神이 병들어 시들면 곧 自體統制力을 잃고 迷惑에 빠저서 방황할 뿐이니, 비록 血氣가

旺盛하고 體力이 强壯하다고 하여도 부질없이 客氣를 자랑하고 蠻勇을 뽐내는데 지나지 못할 터인즉 사람이 여기에 이르면 벌써 人間의 價値를 발휘하지 못하는 것이다.

精神은 그 實體가 지극히 虛靈精微하여 모양과 색갈도 없고, 소리나 냄새도 없지만 그 현상이 지극히 神妙靈通하여 온갖 事物을 主體하여 調和經營함에 全知全能하여 남김이 없는 것이니, 저 元氣의 모임이요, 義氣의 모듬이며, 神靈의 統一이다. 이것이 곧 하늘땅에 있어서는 正氣요, 萬物에 있어서는 精氣요, 사람에게 있어서는 精神인데, 그 變化하여 바뀌는 過程에서는 魂魄이라고 일컬으며, 그 造化하는 作用에서는 鬼神이라고 일컬으는 것이다. 그러므로 宇宙는 正氣가 있음으로서 道德이 서고, 事物은 精氣가 있음으로서 條理가 나타나며, 人間은 精神이 있음으로써 倫理가 밝혀지는 것이다.

애당초 天地가 創造 될 때 太初眞元의 湛一淸虛한 氣가 아득히 六合에 가득하여 虛靈神妙한 精이 엉겨 있었으니 이것이 發動하여 이 世界가 열리고 四時를 돌리고 萬物을 生成함에 두루 流轉變化하여 古今에 한결같고 宇宙에 가득 차서 작게는 속이 없어서 한 몸에 充滿하고, 크게는 밖이 없어서 八紘에 周流한다. 이 세상에 이보다 굳세고 큰 것이 없으므로 元氣라고 하며, 이보다 밝고 바른 것이 없으므로 正氣라고 하며, 이보다 맑고 깨끗한 것이 없으므로 生氣라고 하는 것이다.

精神의 構造를 宇宙에서 살피면 元氣는 神이요, 原質은 精이며, 萬物自體에서 究明하면 陽氣는 神이요, 陰氣는 精이며, 사람의 몸에서 분별하면 氣稟은 神이요 才質은 精이다. 淸明한 氣稟을 타고난 사람은 心志가 밝아서 思考力이 뛰어나므로 經營을 잘하고, 純粹한 才質을 받은 사람은 귀와 눈이 聰明하여 記憶力이 뛰어나므로 事務를 잘보는 것이다. 그러나 神은 모두 元氣의 神이요 精은 모두 形質의 靈이므로 精神은 곧 宇宙의 實在요 마음의 정성으로서 自家精神

이 바로 天地精神이며, 祖考精神이 바로 自己精神인 것이다.

精神의 實體는 無窮하고 그 作用도 또한 無限하여 헤아릴 수 없지만 스스로 萬物속에 깃들어 있으면서 萬物을 神靈하게 하면서도 物質을 超越하고, 物質을 超越하면서도 事物의 造化를 主管하니, 오로지 統一하면 天地人物의 精神이 모두 하나요, 나누어 펼치면 四方에 흩어져 각각 獨立하는데 하나가 發動하면 모두 따라서 感動하고, 이쪽이 安定하면 저쪽도 安定하여 그 感應함이 지극히 迅速하게 서로 통하므로 사람이 하늘을 知覺하고 事物을 認識하면서도 그 까닭을 알수 없이 神妙不測한 것이다. 그러므로 精神을 統一하면 天神이 感應하고 萬物을 感化하나니 저절로 生氣가 旺盛하고 陽氣가 發動하는 것이요, 飢寒에 乏迫 당하거나, 酒色에 病들거나, 苦惱에 시달리면 마침내 生氣를 잃고 精力이 말라서 정신까지 散亂하게 되면 英傑스럽던 人物도 보잘 것 없게 되는 것이다.

대저 萬物의 氣稟은 간혹 偏全의 差異가 있고, 그 才質도 또한 優劣의 種類가 있어서 그 淸濁粹駁이 한결같이 고르지 못하여 完全하고 優秀한 것은 그 精神이 雄大하고, 不完全하고 庸劣한 것은 精神도 따라서 幼穉하니 모름지기 自體精神을 究明함에 먼저 그 氣質을 醇厚하게 變化시켜야 될 것이다.

生命體는 일반적으로 生氣가 있는 까닭에 자연히 生理를 갖출 뿐만 아니라 또한 마땅히 生命의 意志를 가지고 있어서 그 精神이 崇高한 것이지만 그러나 그 氣稟이 混濁하고 才質이 雜駁한 것은 겨우 感覺이 있을 뿐이요, 氣稟은 混濁하지만 그 才質이 純粹한 것은 感覺하여 記憶까지 잘하며, 才質은 비록 雜駁하지만 그 氣稟이 淸明한 것은 知覺이 있으며, 그 氣稟이 淸明하고 才質도 純粹한 것은 虛靈한 知覺으로 理性을 思惟한다.

理性은 天理요 物性이니 計算도 없으며 思慮도 없으며 作動도 없는 원리인 까닭에 計算하지 못하는 것이 없고 思慮하지 못하는 것이 없고 作動하지 못하는 것이 없는 虛靈한 知覺이 아니면 推理하지 못하는 것이다. 그러므로 오직 淸明純粹한 氣質을 涵養하여 가장 神明한 精神을 깃들게 하여야 만 物理의 極致를 貫通하여 마음의 全體인 性理와 大用인 情意가 밝아지지 아니 함이 없게 되는 것이다. 위대한 정신은 찬란한 文化를 이룩하여 人間의 尊嚴性을 드날린다. 사람이 文化를 創造하는 主體인 까닭에 人間精神이 바로 文化의 本質이므로 그 精神의 水準이 그 文化의 性格을 規定하는 것이다. 따라서 崇高한 精神은 偉大한 文化를 창조하고 薄弱한 정신은 粗雜한 習俗을 만들어 낸다. 사랑의 精神이 明確할 때에는 道德이 드러나고 義理가 밝혀져서 天地의 正氣를 떨치고 國家의 元氣를 드날리니, 社會에 公明正大한 紀綱이 서고, 中和大同의 氣風이 일어나는 것으로 이에 사람이 모두 떨치고 일어나 각각 자기의 일에 온힘을 다하여 그 才能을 모두 發揮함으로써 스스로 신바람이 나게 되는 것이다.

절로 신바람이 나서 專念하는 가운데 그 精密한 뜻을 깊이 꿰뚫고 그 精巧한 솜씨가 그윽히 神妙한데 이르러 마침내 事物의 大義를 완전히 파악하여 남김없이 應用하고 자기의 솜씨가 神技에 이르러 그 재주를 남김없이 發揮하므로서 그 分野에 能通하여 더 이상 남은 일이 없게 되는 것이다. 人間精神이 여기에 도달한 다음에야 비로소 가장 밝은 政治를 하고, 가장 바른 敎育을 하여 精神文化와 物質文明이 다같이 그 극치에 이르게 되는 것이다. 사람이 하늘땅 사이의 만물 가운데서 가장 빼어난 氣稟을 받아서 태어났으니 사람의 氣가 天地의 氣와 항상 서로 마주 붙어 틈새가 없으므로 湛一淸虛한 正氣가 곧 사람의 剛明正直한 義氣요, 中和純一한 精氣가 곧 사람의 自由能通한 活力素인바 이에 사람이 가장 고귀한 까닭에 스스로 天理를 받들고 天工을 대신 할 수 있는 것이다. 끊임없이 呼吸을 고르게 하여 山川의 眞氣를 모아 한 몸의 氣象을 淸明하게 유지하고, 때마다 飮食을 갖추어서 豊富한 營養分을 攝取 하여 精血을 깨끗하게 保

存하므로서 그 氣魄이 躍動하고 그 活力이 充滿하는 것으로, 이에
强壯한 精力은 耳目을 聰明하게 하나니, 그 精明한 感覺은 事物의
現象을 認識하지 못한 것이 없게 되고, 淸明한 氣力은 心志를 虛靈
하게 하나니, 그 透徹한 思慮는 事物의 當然한 理法을 헤아리지 못
함이 없게 되어서 그 銳敏한 感覺은 自然의 神技에 합치고, 그 明澈
한 知覺은 天然의 造化에 합치고, 그 明瞭한 理性은 天道의 眞理에
합치고, 그 健全한 精神은 神明의 主宰에 합치는 것이다. 그러므로
사람이 여기에 이르면 살아서는 天地正義의 主體가 되고 죽어서는
人類精神의 師表가 되는 것이니 그 光明이 永遠히 不滅하는 것이다.

　眞元의 一氣는 모두 한덩어리요, 神은 陰陽의 氣가 計算하고 思慮
하고 作動하는 神妙不測한 功能이다. 氣와 神은 일찌기 서로 分離됨
이 없는 것이므로 永遠히 不滅하여 生死存亡에 따라 변화 하지만 그
본질은 永遠한 것이다. 眞元의 氣와 五行의 精이 奧妙하게 합치어
엉겨서 萬物이 化生 하나니 그 變化하여 死滅함에는 그 氣와 精이
다시 分離하여 본래의 모양으로 還元歸眞하는 것일 뿐이다. 이 分離
解體하여 死亡하는 過程에서의 精神을 魂魄이라고 하는 것인데 魂은
氣가 分離되어 하늘로 날아 올라가는 것을 말함이요, 魄은 精이 遊
離되어 땅으로 흩어지는 것을 말함인바 마침내 魂은 神으로 昇化하
고 魄은 鬼로 돌아가지만 그 元氣精神은 한결같은 것으로 살았다고
하여 있고, 죽었다고 하여 없어지는 것이 절대 아닌 것이다. 그러므
로 精神과 혼백과 귀신은 오직 한가지인데 그 지칭하는 이름이 다를
뿐이다. 따라서 기백이라고 하거나 神靈이라고 하거나 령혼이라고
하여도 같은 뜻인 것이다. 그러나 氣神이나, 心靈은 허령한 氣를 말
함이요, 精靈이나 體魄은 순수한 精을 말함이니 모두 정신의 밝은
이성과 신비한 현상이 지극히 존엄하고 지극히 진실함을 갖추어 밝
힌 것이다.

　정신은 이와 같이 만고에 드날리어 없는 곳이 없으며, 감통하지

못하는 것이 없으며, 바르지 아니한 것이 없나니 어디서나 지극한 정성으로 천신에 기도하면 天神이 밝게 감동하고, 지극한 공경으로 祖考에 제사하면 귀신이 즉시 응감하고, 지극한 인애로 사람을 사랑하면 사람이 곧 감격하는지라 이와 같은 숭고한 정신으로 몸을 닦고, 가정을 가즈런히 하고 나라를 다스리며 천하를 화평하게 한다면 저절로 잘되어 남은 일이 없어서 마치 손바닥을 움직이는 것 같은 것이므로 이것이 그 전지전능한 인간정신의 본질이다.

　사람은 본래 아름다운 천품을 타고 나서 그 정신이 빼어나고 그 재질이 특출하므로 이것을 잘 간직하여 기르면 그 신명하며 능통함이 한결같을 수 있는 것이다.

　그러나 간혹 기질이 탁박하게 태어났거나 그 몸을 함부로 하여 정력을 소모하여 체질이 허약하게 되면 그 정신도 박약하나니 오로지 뜻을 강인하게 세워서 그 기질을 순화하고 체력을 길러서 원기를 회복하여야 다시 본 정신이 들게 되는 것이다. 물론 思慮情意가 모두 정신의 지각이요, 체질근력이 모두 정신의 부림이므로 정신력이 미약하면 의지가 강건 할 수 없고 육신이 활달 할 수 없는 것이다. 그러나 사람은 마음이 있어서 한 몸을 주체하므로 그 心志를 확고하게 세워서 성실경건한 자세로 정신을 수습하고 格物窮理하여 물리를 인식하고 육체를 단련하여 생기를 되찾으면 자연히 그 기질이 변화하여 흐렸던 것이 맑아지고 잡박했던 것이 순수하여 지나니 마침내 신명한 정신과 능통한 솜씨를 다시 찾을 수가 있는 것이다. 이것이 곧 스스로 성실하면 저절로 신명하고, 스스로 신명하면 저절로 성실한 것이며 또한 뜻을 오로지 하나로 세우면 기질을 변화하고 정신을 오로지 한데 모으면 의지가 씩씩하게 되는 근거이다.

　모름지기 탁박한 기질을 청순한 기질로 바꿈에는 여러 가지 방법이 있으나 가장 중요한 것은 마음을 비워서 사욕을 버리고, 양심을 되찾아서 천리를 자각하는 것이다.

　대저 오직 양심만이 정직할 수 있고, 오직 정직만이 도덕과 의리에 충실하여 정기를 드날려서 용감하게 뜻을 지킬 수 있는 것이니, 저 사욕의 야망은 비록 강열하다고 하여도 기탄이 없어서 사곡방자하지만 부질없는 객기요 만용인 까닭에 곧 꺽이고 변절하여 위축되고 마는 것이므로 도저히 뜻을 지키지 못하는 것이다. 그러므로 탐욕으로는 기질을 순화하지 못하고 객기로는 뜻을 지키지 못하는 것이니 정신이 발동할 때 오히려 그 正道를 잃을까 두려워하는 것이다.

　하물며 우매노둔한 자질로 노망멸렬의 학술에 매달리어 자주 해태방종하면서 아름다운 자질을 이루고 슬기로운 정신을 찾을 수 있겠는가.

　오로지 正學으로 돌아가야 하리니, 흩어진 마음을 찾아드려서 근본을 튼튼히 세우고 남보다 백배의 공부를 더하여 널리 배우며, 살펴 물으며 신중하게 생각하며 분명하게 분별하여 독실하게 실천한 가운데 저질로 인애와 지혜와 용기를 갖추게 될때 진실하고 착하고 이름다운 기질이 이룩되어 그 총명한 예지는 능히 사물을 꿰뚫고, 그 관대한 인애는 능히 만물을 포용하고 그 씩씩한 기운은 능히 사회의 정의를 붙들어 세우며, 그 장중한 절도는 능히 중정한 대도를 공경하며 그 정밀한 지각은 능히 문리를 분별하게 되어 천하의 가장 넓은 자리에 살며 천하의 가장 바른 자리에 서며 천하의 가장 큰 길을 걸어서 부귀하여도 음란하지 아니하고 빈천하여도 옮겨가지 아니하고 위무하여도 굴복하지 아니하는 굳센 정신이 되는 것이다.

제2절 한국의 얼과 넋

얼과 넋은 한국정신의 본질이다. 한얼은 우리민족의 가장 밝은 신이요, 땅넋은 우리나라의 가장 위대한 령이다. 얼넋은 맑고 빼어난 기운이니, 곧고 참되며 날래고 씩씩한 힘의 근원체이다.

얼은 마음을 일구어 생각하고 셈하고 움직이는 맑은 기운이며, 넋은 몸에 깃들어 기운을 모으고 힘을 내고 솜씨를 가꾸는 빼어난 기운이니, 얼은 퍼져서 확산하는 기틀이요, 넋은 엉기어 수축하는 기틀이다.

얼은 본래 우주만상에 가득한 령기로서 하늘땅의 正氣이며 만물의 精氣이며 사람의 정신이며, 귀신의 혼백인데, 얼은 기요 신이요, 혼이며, 넋은 정이요, 귀요, 백인바 맑고 빼어난 얼넋이 천지만물과 人鬼에 다같이 두루 流行하여 본체의 진리를 구현하며 현상의 우주를 경영하는 것이다.

그러므로 얼넋은 곧 정신이나, 엄밀히 분별하여 나누면 얼넋은 정신의 온전한 실체를 갖추어 말함이요, 정신은 얼넋의 신묘한 작용을 지적하여 말함이니 얼넋은 영원히 불멸하는 실재로써, 신묘하게 감통하여 헤아릴수 없는 기능을 발휘하는 것이다. 따라서 하늘땅의 얼넋이 만물의 얼넋이며, 만물의 얼넋이 사람의 얼넋이며 사람의 얼넋이 귀신의 얼넋이니 온누리에 가득한 얼넋이는 오직 맑고 빼어난 한 덩어리인즉 더함도 없고, 덜함도 없으며, 낳음도 없고, 죽음도 없나니, 옛날이라고 하여 많은 것이 아니요, 오늘이라고 하여 적은것이 아니며, 우주밖에서도 만상을 아우르고 한 물질 속에서도 우주를 펼치는바 스스로 온갖 이법을 남김없이 샅샅이 갖추어 두루 만사에 감응하여 조절경영하고 통일주관하나니 그 활발자유로움이 六合에 막힘이 없고 그 자율주체함이 萬機에 어그러짐이 없이 오직 정직할 뿐이며, 오직 성실할 뿐이며 오직 강건할 뿐이다.

단군왕검이 이 거룩한 얼넋이를 받들어 개국의 이념으로 확립하였으니 우리 겨레의 정치교육 경제국방 문화예술 등등의 사회생활 전반에 걸쳐서 한결같이 같이 보존하는 위대한 민족정신의 유구한 전통으로 이어왔던 것이다.

단군의 전국정신은 "훌륭한 사람이 되어 함께 모여 살면서 아름다운 이상세계를 세우자."이었으니 곧 弘益人間 接化群生 理化世界이다. 이것은 모두 슬기로운 얼과 참다운 넋을 두루 갖추는 일이니, 맑은 얼을 간직하여 본디 마음을 밝히고, 빼어난 넋을 모아 날랜 몸을 길러야만 큰 사람이 될 수 있는 것이며, 널리 사랑하고 공경하여 함께 살 수 있는 것이며, 솜씨를 다하여 일을 멋지게 완수 할 수 있는 것이다.

우리민족은 이 삼대정신의 유구한 전통을 계승하면서 길이 발전하였는데, 그 세 가지 요강을 나누어 구체적인 뜻을 밝히면 다음과 같다.

첫째 크고 유익한 사람이 되는 거룩한 얼넋이는 우주의 얼넋이를 스스로 한 몸에 모두 모아 大我의 公理를 자각하여 몸소 체득하므로서 활달한 독립인격의 주체를 확립하는 자주정신이다. 애당초 사람은 하늘땅의 가장 맑은 얼과 가장 빼어난 넋을 타고 나서 만물 가운데 가장 신령하니 그 얼넋이를 바르게 간직하고 곧게 기르면 사람의 얼이 하늘에 가득하고 사람의 넋이 땅에 질펀하여 이보다 더 큰것이 없고 이보다 더 굳센 것이 없으므로 마침내 참되고 온전한 사람이 되어 그 거룩한 얼넋이 저 하늘땅과 함께 셋이 나란히 하나가 되어 조금도 빠지거나 모자람이 없는 것이다.

사람의 얼넋이 여기에 이르러 완전한 참사람이 되면 그 감각이 느끼어 통하지 못하는 것이 없는 것이며, 그 지각이 헤아려 깨닫지 못하는 것이 없는 것이며, 그 이성이 밝게 나타나지 아니 함이 없어서 항상 스스로 성실한 까닭에 그침이 없고, 어디서나 저절로 정직한 까닭에 막힘이 없으므로 조금도 기울거나 기대거나 지나치거나 모자람이 있지 아니하는 완전 자율주재의 실체가 되는 것이다.

이 자율주재의 얼넋이 사람을 거룩하게 하고 남을 돕는 정신이므로 홍익인간이라고 하는 것이니 사람은 누구나 먼저 자기 조상의 얼을 찾고, 자기 조국의 넋을 지키어 성실 정직 근면한 인격을 완성하는 공부에 힘쓰고, 널리 인류사회에 공헌하는 일에 앞서는 것이 바로 한국정신의 제1의인 것이다.

둘째 한데 모여 같이 사는 깨끗한 한덩어리 얼넋은 그 생김새가 뭉치면 오로지 한덩어리가 되어 사람의 깊은 속마음에 뭉치어 엉겨서 틈이 없는 하나가 되고 펼치면 삼라만상에 두루 홀려 우주에 가득하나니, 한때도 융화하지 이니함이 없고 한가지도 포용하지 못한 것이 없어서 고금을 일괄하여 八紘이 一宇요 내외를 통일하여 천하가 一家인 까닭에 참으로 맑고 깨끗한 얼넋이는 서로 만남에 즉시 감화하여 하나로 꿰뚫어 서로 통하는 것이다.

이 하나로 꿰뚫어 통하는 깨끗한 얼넋이는 中和의 기운으로 혼연히 大同하여 나와 남을 나누지 아니하며 빈부귀천이나 현우강약을 가르지 아니 하나니 그 전체의 구조를 보면 바야흐로 시작도 끝도 없으며 가운데도 변두리도 없이 혼연히 敦化한 세계요, 그 개체의 본질을 살피면 하나의 순결한 얼넋이 직접 만물을 두루 사귀어 통함에 조금도 막히거나 어그러짐이 없으며, 지나치거나 모자람이 없으므로 한 가지도 거칠 것이 없고, 한 순간도 꺼리낌이 없는 까닭에 항상 찬연히 光化하는 실체인 것이다.

이 순수한 얼넋은 도저히 나누어 쪼갤 수 없는 것이니, 쪼개려고 하면 더욱 질기고, 물리치려고 하면 더욱 날까로워서 이것보다 굳은 것이 없고, 이것보다 날랜것이 없으므로 비록 억만번 갈라도 즉시 엉겨 합치고, 천만겹으로 막아도 순간에 통하여 어울리는 것이다.

사람의 이러한 얼넋이 있음으로서 가까이는 한 겨레가 한데 모여 같이 살고 멀리는 인류가 함께 더불어 이웃하는 것이니, 모름지기 이 얼넋을 지닌 다음에야 능히 어버이와 아들이 가까워지는 것이며, 지도자와 경영자가 바르게 되는 것이며, 지아비와 아내가 분별이 나는 것이며, 어른과 어린이가 차례를 지키는 것이며, 동무와 벗을 사귀게 되는 것이니, 마침내 겨레나 고을 사람이 서로 도우며 뭉쳐 살고, 국가민족과 세계인류가 함께 고루 잘살 수 있는 것이다.

이 純一無雜한 얼넋은 가슴속에 가득히 사랑하고 공경하는 마음이 있어서 사랑하지 아니함이 없고 공경하지 아니 함이 없나니 사람들과 함께 모여 살면서 어른을 높이고, 지도자를 받들며 어진이를 따르되 홀아비와 과부와 고아와 자식이 없는 늙은이를 먼저 보살펴 돌보는 것이며, 심지어 짐승 벌레 풀 나무에 이르기까지 아끼어 함부로 하지 아니 것이다. 이렇게 서로 붙들어 도우면서 길이 함께 번영을 누리는 깨끗한 한덩어리의 얼넋이 한국정신의 제2의인 것이다.

셋째, 사랑이 넘치고 축복이 가득한 이상세계를 이 빛나는 땅에 건설하는 것은 무두 날래고 씩씩한 얼넋을 가꾸어 훌륭한 인격을 다듬고, 각각 제멋에 신바람이 나서 자기의 도리를 다하여 집안마다 고루 잘 살고, 나라마다 튼튼하고 문명하여 온 세상이 화평 안녕함으로서 아름다운 인류의 이상을 빠짐없이 구현하는 것이다.

거룩한 얼은 하늘땅의 진리를 남김없이 밝히어 스스로 참되고 착하고 아름다운 것이며 빼어난 넋은 온전한 재능을 모두 갖추어 저절로 밝고 씩씩하고 빛나는 것이다. 이에 한 몸을 주체함에 성리를 밝히어 마음을 바로 세우고, 한 가정을 거느림에 윤리를 지키어 효도를 다하고 나라를 다스림에 공론을 받들어 충성을 다하고, 온 세상을 보살핌에 천명을 이어받아 정의를 지키나니 작은 일일수록 더욱 치밀하며, 큰일일수록 더욱 철저하게 하는 것이다. 그러나 또한 안팎을 아울러 다듬되 안을 먼저 충실히 다듬은 다음에 밖을 단도리하고, 公私를 겹쳐서 가꾸되 공을 앞세우고 사를 뒤로 하나니 그 성공함에는 안팎이 모두 가즈런하고 공사가 다같이 온전한 것이다.

지극히 날래고 씩씩한 얼넋이는 한결같이 성실하여 현재 정직하고 앞길이 명확하므로 눈앞의 현실정황을 명철하게 파악하여 때를 따르고 형세를 타서 쉽고 간단하게 조절하여서 가장 아름다운 현상을 즉시 구현하는 것이다. 절대로 현실을 외면하여 부정하거나, 포기하고 도피함이 없이 있는 그대로 수용하면서 슬기로운 솜씨를 능란하게 발휘하여 사는 곳마다 신성하고 가는 곳마다 새로운 광명을 더하나니, 이것이 인간의 존엄함을 들어내는 것이며, 국가의 문명을 이룩하는 것이며, 인류의 문화를 창조하는 것이다.

절대로 꺽이지 아니 하는 꿋꿋한 기상과 절대로 굽히지 아니 하는 강인한 의지로 어려울수록 더욱 분발하고 위태로울수록 더욱 매진하여 마침내 백척간두에서도 최고의 이상을 향하여 진취하는 날래고 씩씩한 얼넋이 한국정신의 제3의인 것이다.

이와 같이 한국정신은 맑고 빼어난 얼넋으로 그 몸을 기르고, 깨끗한 한덩이리 얼넋으로 함께 모여 같이 살며, 날래고 씩씩한 얼넋으로 이 땅에 아름다운 이상세계를 건설 하는 것이 그 본질이니 5,000년 역사에 찬연히 빛나는 위대한 역사정신인 것이다.

무릇 生靈은 하늘의 얼과 땅의 넋을 받아 태어났으나 맑고 빼어난 사람의 얼넋이 도리어 우주를 경영하는 주체인 즉 천지의 정기를 드높이는 것도, 만물의 정기를 북돋으는 것도, 귀신의 혼백을 드날리는 것도 모두 한결같이 사람의 정신에 매달려 있는 것이다.

오늘 우리의 얼넋이 뚜렷하면 우리 조상의 얼이 높이 우러러 떨칠 것이며, 이 산천의 넋이 길이 빛나 새로울 것이다. 모름지기 天命을 維新하는 것이나 국위를 선양하는 것이 다 같이 자체정신의 본질에 매여 있을진대 바야흐로 얼넋 이음의 큰 뜻이 이에 더욱 빛나는 것이다.

제3절 교육 얼넋이

　우리나라는 수천 년에 걸친 문화국이다. 고조선시대로부터 사람의 숭고한 정신을 우러러 사모하고, 사람의 착한 心性을 가까이 사랑하여 일찍부터 이에 학문과 교육을 숭상하게 되었으니 다같이 배우기를 좋아하고 가르치기를 싫어하지 아니하므로 마침내 서울로부터 시골에 이르기까지 학교와 글방이 없는 곳이 없을 뿐만 아니라 또한 스승을 높힘이 아버지나 임금처럼 받들며 학생을 아낌이 아들이나 아우처럼 돌봐서 바야흐로 그 학문의 조예가 도저하고 師友의 훈도가 완벽한데 이르렀던 것이다.

　단군의 교육방법은 사람으로 하여금 정결한 자리에서 향불을 피우고 극기절제하므로 맑은 기운을 엉기게 하여 오염된 몸을 깨끗히 씻어서 탁박한 기질을 청명순수하게 변화 시키어 맑고 빼어난 얼넋을 깃들게 하여 몸과 마음을 다듬는 길을 교시 하였다.

　사람은 먼저 그 정신이 맑아야만 지각이 총명하고 이성이 밝아지는 것이다. 총명한 지각이어야만 그 경험이 진실하여 조금도 뒤바뀌거나 몽상함이 없을 것이요, 밝은 이성이어야만 그 사유가 성실하여 조금도 착각오인함이 없는 까닭에 모름지기 공부를 시작함에 먼저 정신의 통일을 가장 앞세웠던 것이다.

　대저 정력을 보존함은 넋을 빼어나게 하는 길이요, 의지력을 배양함은 얼을 맑게 하는 길이니 몸이 튼튼하고 마음이 곧음으로 그 정신을 통일하는 것이며 그 정신을 통일하여야 이성이 밝아지고 지각이 총명하게 되는 까닭에 정력을 보존하는 체육과 신명을 함양하는 지육과 이성을 밝히는 덕육으로 교육의 삼대강령을 삼았던 것이다.

생동하는 활력을 길러야 체력을 증진하고 정력을 보존할 수 있고, 학문에 뜻을 세워 지식을 넓혀야 지능을 계발하여 신명을 함양할 수 있고, 정신을 오로지 통일하여 천리를 자각하여야 양심을 곧게 간직하여 의리를 실천할 수 있는 것이니, 모두 다같이 건강한 육체를 단련하여 건전한 정신을 함양하고 완전한 인격을 확립하는 길이다.

무릇 얼넋이는 하늘땅의 원기요 만물의 정기요 사람의 정신이요 귀신의 혼백이므로 사람이 각각 스스로 자체정신을 모으면 반드시 그 祖考정신을 계승하게 되는 것이며 나아가 마침내 천지만물의 정신까지도 아울러 통일하는데 이르는 것이므로 학자가 공부를 함에는 반드시 먼저 자체정신을 함양하는 것으로부터 시작 하여야 되는 것이다.

자체정신을 함양하는 짙은 모름지기 敬으로 자기주체를 확립하는데 있다. 욕심을 줄이고 사념을 중지하여 기분을 가라앉히고 몸을 깨끗하게 한 다음 마음을 경건하게 하여 전혀 흔들리거나 방심함이 없을 때에 바야흐로 맑고 빼어난 얼넋이 일어나 깃드는 것이니, 이에 그 감각은 영민하고 그 지각은 형철하며 그 이성은 투철하여 그 계산하고 사려하고 동작함에 두루 슬기롭고 착하고 진실하고 힘차고 날래고 씩씩한 지능이 갖추어지는 것이다.

그러므로 경을 바탕으로 자기정신을 확립하여야만 사람이 태어날 때 하늘로부터 받은 온전한 심성과 타고난 온갖 재능을 그대로 곧게 발휘할 수 있는 것인즉 만일 나태하여 얼이 빠지거나, 방종하여 넋을 잃으면 신통한 心志도 가리어져서 오인미혹 되고 영명한 재능도 무디어져서 착각전도 되나니, 저 해태와 방종을 엄금하고 오로지 공경하여 언제 어디서나 정신의 통일을 주장하는 것이 우리나라의 기본 교육사상이다.

간사한 소리나 현란한 색갈을 멀리 하여야 그 총명함을 보존할 것이요, 음란한 놀이나 사특한 일을 멀리 하여야 그 심령을 간직할 것이요, 태만한 것이나 사벽한 생각을 멀리 하여야 그 체력을 유지할 것이다. 반드시 이렇게 한 다음에야 오관의 시각 청각 취각 미각 촉각이 영민하게 될 수 있고, 칠정의 희노애락애오구가 중절하게 될 수 있으며, 사지배체가 자유자재하여 본래의 기능 그대로 동작 할 수 있는 것이다.

그러므로 학문을 함에는 공경을 주장하고 교육을 함에는 인애를 주장 하나니, 배우는 사람이 공경을 주체하지 아니하면 학업을 완성할 수 없고, 스승이 인애를 주체하지 아니하면 師道를 완수 할 수 없는 것이다. 따라서 우리나라는 예로부터 엄숙공경한 학풍이 이룩되어 배운이는 공경하지 아니하는 것이 없되 어버이에게 효도하고 나라에 충성하는 것을 첫째로 알고, 생각을 착하게 가지되 성실과 정직을 으뜸으로 하고, 말을 씩씩하게 하여 행동을 힘차게 하되 예의와 공익을 앞세우나니 이에 어진이가 대대로 이어 나와 군자의 나라가 되었고 풍속이 아름다워서 동방에서 제일가는 예의의 고장이 되었던 것이다.

사람의 얼넋은 본래 천지귀신의 얼넋이와 한덩어리이니 자기의 얼넋이 지극하면 반드시 조상의 얼넋이 이어저서 서로 감통하나니 그 和氣가 가정에 가득하고 그 정성이 귀신을 來格하여 흠향하게 하는 것이다.

조상의 얼넋이는 시조의 얼넋이요, 시조의 얼넋이는 하늘땅의 얼넋이에서 비롯하였으니 이에 조상의 얼넋이를 이은 사람은 천지의 公理와 인류의 선덕에 철저하여 현재위치에서 자기의 도리를 다하나니, 어버이에게 효도하고 형제사이에 우애가 있으며 친족이 화목할 뿐만 아니라 외가와 처가와도 가까히 지내고, 국가사회에 의무와 책임을 다하며 이웃의 어려운 사람을 불쌍히 여겨서 도우는 것이다. 이로서 윤리도덕이 더욱 밝혀지고 예절풍속이 더욱 아름다워지므로 금수강산 곳곳마다 사람이 사는 곳이면 어디든지 어린이는 배움이 있고 젊은이는 하는 일이 있으며, 늙은이는 편안한 삶을 누림이 있게 되는 것이다.

대저 효도는 조상의 정신을 계승하는 것보다 큰 것이 없고, 불효는 조상의 얼넋이를 버리는 것보다 큰 것이 없나니, 조상의 정신을 상실한 것이 곧 패역이라. 하늘땅 사이에 용서 받을 데가 없는 것이다.

사람의 착하고 아름다움이 모두 自家정신을 간직 하는데 있는 것이니 한때라도 이것을 잃으면 사람의 꼴이 안 되는 까닭에 비록 학교에서 문학을 배우거나 무예를 닦거나, 기술을 익히거나 모두 한결같이 자가 정신을 집중하여야 크게 발전할 수 있는 것이며 또한 화랑5계도 자가정신을 발휘하여야 능히 실천할 수 있는 것이니, 어버이를 효도로 섬기고, 지도자를 충성으로 받들며 벗을 사귐에 믿음이 있으며 전쟁에 임하여 물러서지 아니 하며, 생물을 죽임에 가려서 하는 것이 모두 민족정신의 발로인 것이다.

민족정신을 더욱 배양확충하여 지극히 광대하고 지극히 강한데 이르면 천지의 정신을 아울러 통일하나니, 그 실체가 지극히 성실하고 지극히 슬기롭고 지극히 씩씩하여 천하의 萬善을 한몸에 전부 갖출 뿐만 아니라 나아가 만물과 더불어 한 몸이 되고 하늘과 사람이 하나가 되나니 마땅히 천하의 지도자가 되고 인류의 스승이 되어 천하국가를 경영함에 至德으로 成己成物하여 평화로운 大同世界를 건설하고 中道로 天命을 받들고 민심을 따라 만세의 공론을 정립하므로 이에 천지의 대의가 들어나고 인류의 희망이 성취되어 이상세계가 만들어 지는 것이다.

이것이 바로 천지의 도덕이니 지극히 성실 정직하여 그침이나 끊김이 없는바 세계정신도 또한 순일 무잡하여 간단이 없어서 온 누리를 두루 다녀도 막힘이 없고 어그러짐이 없으며, 비록 한자리에서 움직임이 없이 고요히 있어도 느낌에 온세상을 샅샅이 꿰뚫어 통하며, 또한 소리나 냄새가 없지만 밝게 뚜렷하여 도저히 속일 수 없는 것이다.

　　세계인류정신은 스스로 성실하고 저절로 곧아서 한번 나옴에 만국
이 모두 우러러 그 진실한 뜻을 받들어 공경하고, 한번 움직임에 억
조생령이 모두 기뻐하여 그 거룩한 정신을 계승하여 분발하는 것이
다. 그러므로 그 도덕은 날로 밝혀지고 그 정신은 날로 드날리지만
그 실체의 현묘함과 그 작용의 영통함은 헤아릴 수 없는 것이요, 오
로지 그 드높은 기상과 뚜렷한 의지에 모두 감복하여 따라서 존경하
고 친하게 될 따름이다.

제4절 정치의 얼넋이

　우리 한겨레는 단군의 위대한 얼넋이를 이어 유구한 역사의 빛나는 전통위에 장엄한 나라를 세워 사람으로 하여금 참되고 착하고 씩씩하게 살도록 함으로써 일찌기 독창적으로 가장 웅건활달한 문화를 창조하여 뛰어난 민족정신을 온 세상에 드날렸다.

　단군이 현묘한 도덕으로 우리나라를 처음 열 때에 이 땅의 모든 사람은 크고 유익한 인간이 되어 서로 직접 만나 사귀어 같이 모여 살면서 온누리에 이상세계를 건설하는 것으로 이념을 정립하였으니 이것이 곧 우리의 자손만대에 융평한 사회를 만들어 모두 똑같이 잘 살도록 하는 길이요, 생명이요, 힘이다.

　한겨레의 위대한 정치이상은 단군의 큰법을 높히 받들어 완전한 정치, 풍부한 경제, 훌륭한 교육, 튼튼한 국방을 이루어 안락한 사회를 만드는 것이었으니, 우리민족은 항상 이에 대한 연구와 노력을 그치지 아니 하였으므로 마침내 반만년을 이어 오늘에 이르기까지 한번도 개국의 이념을 잊은 일이 없었고 우리역사창조의 주체적인 기능을 잃은 때가 없었다.

　맑고 빼어난 얼넋이 이 하늘에 가득하고, 깨끗하고 한결같은 얼넋이 이 땅에 질펀하고, 날래고 씩씩한 얼넋이 이 사회에 넘치나니, 만일 외적의 침략이 있어 나라가 위태로우면 구국의 깃발 아래 몸을 바치어 독립을 수호하였고 만일 국토가 분리되어 민족이 흩어지면 통일의 길로 뜻을 모아 강토를 온전히 통합하였고 만일 어지러운 정치로 나라의 기강이 무너지고, 인생이 곤궁하면 힘을 합하여 혁명을 하므로서 천명을 온전히 받들고 정의를 굳게 지켰던 것이다.

오직 나라에 충성하고 오직 어버이에게 효도하는 정성과 예법을 숭상하고 신의를 지키는 정신으로 5천년을 이어온 한겨레의 위대한 얼넋은 마침내 세계에서 가장 훌륭한 군자의 나라고 되었으며, 동방에 제일가는 예의의 고장이 되었으니, 5천리 금수강산이 이로써 빛나며 6천만 우리겨레가 이로써 떳떳한 것이다.

고구려와 백제는 한사군을 몰아내고 고조선의 영토를 수복하였으며, 신라와 발해는 당의 야욕을 꺾고 고토를 수호하였으며 고려는 원의 세력을 물리쳤으며, 조선은 청의 치욕을 씻기 위하여 북벌의 대계를 세웠으며, 대한제국은 왜의 강압을 벗어나기 위하여 의병항쟁 하였으며 마침내 우리민족의 독립운동과 미중소연합군의 승전으로 조국의 해방독립을 쟁취하였으니 이것이 모두 5천년 역사에 길이 빛나는 역사정신인 것이다.

더욱이 고구려 백제 신라가 다같이 주변에 흩어진 민족을 걷우어 통합하여 거대한 나라를 세웠을 뿐만 아니라 신라는 고구려와 백제를 병합통일하였고 고려는 후고구려와 신라와 후백제를 모두 통일하였으며 조선은 육진을 개천하였으니 민족통일의 숭고한 정신이요 조국통일의 장엄한 맥박인 것이다. 하물며 후고구려와 후백제가 혁명을 일으켜 자주독립을 선언하고 고려가 후고구려를 혁명하고 조선이 고려를 혁명하였으니 이에 민족정기가 더욱 드날렸던 것이다.

이것이 모두 단군의 개국정신을 받들어 영토를 수호하고, 민족을 통일하며 이상국가를 건설하는 사업인 것이다. 그 얼넋이 한번도 그침이 없었던 정치 얼넋이니 이제 우리도 이 얼넋이를 이어 분발노력하면 옛날의 영광을 또다시 누릴 수 있을진대 모두 함께 정신을 수습하고 우리의 얼넋이를 분명하게 찾아 확고하게 지키는데 매진하여야 될 따름이다.

우리나라의 현실은 비록 암담하다고 할지나 그러나 우리의 민족얼넋이 살아있다면 아무 두려워 할 것이 없는 것이다. 우리들의 맑고 빼어난 얼넋이는 능히 나라를 지킬 수 있는 것이요, 우리들의 깨끗한 한덩어리 얼넋이는 능히 겨레를 통일 할 수 있는 것이요, 날래고 씩씩한 얼넋이는 능히 이상국가를 건설 할 수 있는 것인즉 오로지 현실을 외면하거나 도피하지 말고 있는 그대로 정확히 파악하여 슬기를 모으고 솜씨를 다듬어 힘써 나아가야만 된다.

지난번에 대량살상의 신무기를 앞세운 열강제국의 야욕충족의 광란으로 한때 왜족에게 국권을 강탈당하였다가 우리의 독립투쟁과 미중소연합군의 승전으로 해방을 맞이하여 나라의 독립주권을 다시 찾았으나 그로 말미암아 뜻하지 않게 국토가 분단되고 민족이 분열되었을 뿐만 아니라 또한 민족정기까지 시들어 주체성을 잃게 되었으니 오늘 우리에게 중대한 일이 바로 민족의 얼넋이를 이어 나라의 뿌리를 튼튼히 하고 겨레의 자체력량을 풍부하게 기르는 것이다.

나라의 운명은 우리의 얼넋이에 달려 있으니 우리 스스로 개척하여야 되는 것일진대 국위를 선양하여 온 누리를 밝히고 국가민족을 통일하여 안락한 세상을 만들며, 기강을 바로잡아 국명을 유신하여 공명정대한 정치문화를 이룩하는 것도 다같이 우리의 사명이요 책무다.

우리들은 이미 인권을 쟁취하므로서 군주통치의 시대는 물러가고 민주자치의 시대가 돌아 왔다. 나라는 국민의 것이요, 주권은 국민에게 있으며, 모든 사람의 자유와 평등과 행복을 기리 보장하는 입헌민주국가의 체제를 다듬어 빛나는 민주국가를 세우고 화려한 공화정체를 갖추고 있다.

이제 위대한 겨레의 얼넋이를 뭉치면 무슨 일인들 이루지 못하겠는가? 자유와 평등 속에 질서와 조화를 찾는 우리의 참된 민주주의는 여론을 모음에 공론을 찾고, 보통선거를 시행함에 어진사람을 뽑으며, 나라의 일을 책임 맡기되 능력을 보며, 교육을 하되 자질을 따르며, 행복을 누리되 값진 보람을 찾는 것이니 궁극적으로 가장 합리적이고 가장 인정이 넘치며 가장 완전한 길을 함께 찾는 것이다.

지혜를 빠짐없이 모아 일을 나누어 맡아서 하는 온전한 민주제도를 솜씨 있게 완비하여 우리의 개국이념을 구현하는 것이 참으로 거룩한 역사의 정통을 계승하는 길이며, 새 나라의 영광을 가꾸는 길이며, 한겨레의 번영을 누리는 길이며, 인류의 문화발전에 공헌하는 길이다.

국민은 누구나 나라의 주인이므로 스스로 건전한 인격을 길러야만 완전한 정치를 할 수 있고, 완전한 정치를 하여야만 아름다운 공명사회를 이룩할 수 있으니, 이에 공평정대한 규율이 확립되어 바야흐로 자유롭고 평화로운 人生의 행복을 길이 보장 받을 것이다.

우리는 지나온 민족사의 진리를 뚜렷히 인식하고 오늘의 현실을 깊이 걱정하면서 정신을 가다듬어 양양한 앞길을 스스로 개척함에 있어 우리의 정치 얼넋이를 몸소 실천하는데 오로지 선덕과 公理에 철저한 큰길로 進取하여 인민으로 하여금 저절로 신바람이 나서 일어나 분발노력 함으로써 훌륭한 지도자를 우리 손으로 세우고, 밝은 정치를 우리 힘으로 하며 바른 교육을 우리 지식으로 하여, 조속히 정치경제, 교육문화, 국방외교등등의 모든 분야에서 국력을 배양하여 천하무적의 나라를 만들고 세계제일의 국풍을 이룩하여 국가민족의 영원무궁한 발전을 기약하여야 될 것이다.

우리나라의 수천 년에 걸친 정치 얼넋이를 종합하여 그 강령을 세우면 아홉 가지 갈피를 잡을 수 있나니 다음과 같다.

① 도덕의 진리를 존중하고, 자연의 법칙에 충실 하며, 두루 원리원칙을 준수하여 문명한 사회를 개척한다.

② 인도주의를 바탕으로 자유롭고 평등한 인권을 보장하고, 착한 양심을 간직하여 인류문화를 창조한다.

③ 나라의 헌법을 수호하며, 공명정대한 법치제도를 확립하여 정치와 행정을 분담하고, 행정과 입법 사법의 3권을 분립하며 내각을

비롯한 각 분야의 권력과 책임을 엄격히 나누어 시행함으로서 명랑
사회를 건설한다.

④ 자주독립국가의 체제를 갖추고 자주력량을 배양하여 국위를 드
날리며, 세계만방과 선린우호하여 교류를 증진함으로서 화평세계를
이룩한다.

⑤ 가장 훌륭한 지도자를 받들고 산업 교육 국방의 완전한 정책을
확립하여 솜씨 있게 주재함으로서, 공무원은 스스로 헌법을 받들고
청렴강직의 모범이 된다.

⑥ 公論은 대도정치의 대의이니 국시를 따로 제정하지 아니 하고
언론의 자유를 보장하여 겨레의 기상을 웅건활달하게 진작한다.

⑦ 지역자치를 존중하여 교육의 자율계발과 행정의 공화협동을 숭
상하고, 민중의 이익과 편의를 앞세운다.

⑧ 국가 민족의 영원한 발전을 꾀하여 영토를 통일하고, 민족을
보존하여, 주권을 호위함에 가장 슬기롭고 능률적인 방책을 강구한다.

⑨ 후생복지제도를 완벽하게 갖추어 사람마다 만복을 누리게 하는
이상국가 건설에 일로매진한다.

제5절 장이 얼넋이

장이는 전문가이다. 사람이 전심전력으로 연구하여 볼만한 가치가 있는 分野에 오로지 종사하여 스스로 보람을 찾으면서 한 가지 일에만 專攻하는 사람이나, 道德 藝術 科學으로부터 무예 의약 卜筮에 이르기까지 人生의 전반에 걸쳐 탁월한 지식이나 깊은 造詣가 있는 각계각층의 전문가나 專攻人을 일컫는 말이다.

우리나라는 예로부터 一定한 職業에 專念 하거나 한 가지 技術에 專攻하여 그 일에 精通한 사람을 장이라고 하였으니, 말장이 글장이 풍각장이 환장이 붓장이 대장장이 땜장이 옷장이 등등 어떤 일에 能通한 솜씨가 있는 專門人을 무슨무슨 장이라고 하여 知識과 技術을 認定하여 특별히 대우하였다.

모름지기 장이는 그 종사하는 분야에 남다른 솜씨가 뛰어난 識見이 있을 뿐만 아니라, 그 職業을 尊重하는 정신과 그 기예를 사랑하는 마음이 있으니, 오직 正法을 지켜서 人類사회에 貢獻하는 길이 아니면 절대로 따라가지 아니하는 것이다. 그러므로 그 학문과 才能이 不遇한 때를 만나 當代에 전혀 쓸데가 없다고 하여도 전혀 흔들려 誘惑됨이 없이 超然하게 숨어서 홀로 더욱 硏究開發하고 지나온 경험을 蓄積하여 後代에 傳達하여서 길이 繼承발전하게 하는 것이다.

우리나라에는 이와 같은 장이가 모든 분야에 걸쳐 있으므로서 각종 학술과 다양한 特技가 오랜 전통을 이어 발전 할 수 있었던 것이니, 만일 어떤 분야에 장이가 이어 나오지 아니 한다면 비단 그 분야의 학문과 기술이 退步하여 사라질 뿐만 아니라 마침내 人生의 活

動領域 까지도 좁아지고 말게 되는 것이다.

장이의 전문가를 養成함은 人類사회 발전에 큰 寄與를 하므로 우리민족은 태고로부터 士農工商의 모든 職業에서 業種과 職制를 각각 나누고, 才能과 技術을 적당한 分野別로 쪼개어 각각 才質에 따라 職業을 선택하고 知能에 따라 기예를 硏磨하여 사람마다 專門職業에 종사하고 專攻학술을 硏究하게 하였다.

한 가지 일에 精通하여 成功하므로서 공동사회 構造 속에서 그 役割을 交流하여 相扶相助하고, 한 가지 일을 여러 단계로 쪼개서 그 솜씨를 高度로 발달시킴으로써 全體的인 機能을 원할하고 능률적으로 처리하여 맵시 있게 일을 完遂 할 수 있었던 것이다.

선비는 학문과 道德에 通達하여 사람을 가르치고, 農民은 농사에 精通하여 사람을 먹이고, 工人은 科學에 能通하여 편리한 用器를 만들어 내고, 商人은 장사에 達通하여 財貨을 流通하여 값지게 쓰도록 하는 것이니, 이것이 모두 市場의 交易을 통하여, 사회가 交流하는 均平의 원리이며, 나라의 지도자는 百官에게 職責과 任務를 分擔시켜서 統一的인 政治체제를 유지 하며, 大木은 여러 木手에게 일거리를 나누어 시키어 큰 집을 建築하고, 수레를 만드는 사람은 百工에게 그 附屬品의 제작을 의뢰하여 完成하나니, 이것은 한 가지 일을 여러 部分과 단계로 나누어 각각 전문가에게 맡김으로서 전체적으로 완전하고 또한 능률적으로 完遂하는 分業協同하는 방법이다.

專攻을 達通하여 役割을 交流하는 機能完遂와 分業協同하는 사회 構造 때문에 우리나라는 전통적으로 각 분야의 장이가 대를 이어 나와서 끊임없이 발전하였던 것이니, 학술의 전통과 家業의 전승이 이에 이루어졌던 것이다.

우리나라의 장이는 그 專攻意識이 매우 투철하여 한번 精進努力함에 한평생을 마치도록 憤發專念 하나니, 그 뜻이 매우 高尙하여 오로지 학술을 完成하고 機能을 達通하는데 그 目的을 두었을 뿐이요 세속의 富貴名利와 같은 것에는 超然하였던 것이다.

그러므로 職業을 교육하거나, 기술을 전수함에 먼저 장이의 倫理에 철저할 것을 가르쳤으니, 天地의 道德을 崇敬하고 自然法則에 順應하여, 사람의 良心을 간직하고 사회윤리에 충실하여 전문가로서의 模範的인 人格을 갖추도록 하였다. 따라서 스승이 제자를 가르침에 먼저 정신이 올바른 사람을 만들고 工匠이 徒弟를 기름에 먼저 그 사람 됨됨이를 살펴서 가르쳤다.

무릇 장이의 슬기와 솜씨도 사람의 얼넋이를 말미암은 것이니 썩은 나무에는 조각을 하지 못하는 것이요, 썩은 흙으로는 벽을 바르지 못하는 것이다. 오직 맑고 빼어난 無窮한 얼넋이 있어야만 장이의 智慧와 才能도 또한 한없이 발전 할 수 있는 까닭이다.

장이의 倫理에 투철한 정신을 바탕으로 技法에 충실하여야 점점 능숙하여져서 精巧한데 이르러갈 것이며, 技術의 要領을 터득하여 精密하게 通達하면 神秘한데 이르러갈 것이며, 藝道의 전체작용을 豁然貫通하면 神聖한데 이르러갈 것이니, 精巧한 것은 人造의 극치요, 神秘한 것은 神造의 극치이며, 神聖한 것은 天造의 극치이다.

대저 人造의 극치에 이르는 길은 그 法度와 準則을 엄격히 遵守하여 학술을 硏究하고 才能을 연마하는 것이니 先人의 標本을 模倣하면서 꾸준히 노력하는 것이다. 스스로 온갖 試鍊을 이겨내고 갖은 苦痛을 참아가며 조금도 흔들림이 없이 오로지 한 길로 憤發하여 邁進할 때에 어느 경지에 가면 뚜렷한 정신이 한 치의 錯覺도 없고, 지극한 精誠이 한 가지의 어그러짐도 없어서 그 法度에 완전히 一致하고 그 機能이 두루 온전하여 지극히 精巧한 솜씨가 나타나는 것이다. 이에 그 法度와 準則을 생명보다도 더욱 重大하게 여기는 장이의 遵法意識이 생기는데 자기 자신의 專攻학문이나 專門技術의 原理原則을 생명처럼 높이 받들어 어떠한 경우에도 굽히거나 버리지 않은 것을 선비라고 하는 것이니, 學士나 技能士가 모두 그 專修한 法

을 주검으로 지키는 사람이란 뜻이다.

만일 아무리 精巧한 才藝를 갖추었다고 하여도 때로 技法을 속이거나 工法을 여겨서 常道의 正法을 버리면 이것은 벌써 장이정신에 벗어나는 것이므로 도저히 전문가라고 여기지 아니 하였던 것이니 한갓 돌파리에 지나지 못한 것이었다.

일꾼이 기역자나 그림쇠나 수평이나 먹줄과 되나 말과 저울과 같은 度量衡器에 스스로 充實하려는 姿勢가 곧 착한 마음씨요, 이미 밝혀지고 證明된 公理를 正直한 자세로 確信하는 것이 참된 정신이요, 모든 法則을 충실히 지키고 온갖 眞理를 確信하여 겉과 속이 모두 빈틈이 없고, 처음과 끝이 한결같아 두루 깨끗하게 完備하는 것이 아름다운 솜씨이다. 이와 같이 착한 마음씨와 참된 정신과 아름다운 솜씨를 완전하게 갖추어야만 바야흐로 전문가라고 할 수 있고 또한 人工의 才能을 남김없이 발휘 할 수 있는 것이다.

장이가 자기의 專攻才能이나 專門知識을 지극히 恭敬하여 그 일에 臨함에 오래 정신을 집중 하고, 끊임없이 정성을 들이면 드디어 마음과 손이 하나가 되어 생각한대로 저절로 됨으로, 그 응용력이 자유자재하고, 온몸에 신바람이 절로 나서 생기가 감도나니, 자기의 얼넋이를 작품 속에 불어 넣어 생동하는 기운과 맑은 광채를 발휘하는 신비로운 작품을 만들어 내는 것이다.

자연의 오묘한 신비로움은 사람의 한계능력으로는 도저히 이룩할 수 없고 오직 신비의 경지에서 神明의 능통한 힘을 빌려서 이룩하였다고 밖에는 볼 수 없는 까닭에 이것은 神造의 비법이라고 하는 것이다.

경건하게 맑고 깨끗한 정신을 오로지 집중 하여 선덕을 밝히고 公理를 확신하면서 외길로 끊임없이 정진하는 것은 마침내 그 기예재능의 도술을 통달 자득하여 자유자재하게 활용하고자 함이니, 그 연구와 노력을 오래도록 하는 가운데 자체정성이 내면에 축적됨으로서 마침내 그 신비로운 精華가 밖으로 나타나는 것이다.

　그러나 이것은 인위적인 工能이 그 극치에 이르러 무의식적으로 자연의 신비에 다달은 것일 뿐이요, 자연의 아름다움을 능가하는 것은 아니니 창조라고 할 수는 없는 것이다.

　창조는 天造의 천연적인 逸品이니, 전문가의 지식이 대도를 할연 관통하고, 그 재능이 자연성실하여 무념 무사하여도 조용히 理法에 적중하고 無言無爲하여도 저절로 신명이 감응한 것이다. 마치 대우주가 자체 조절하여 무궁히 변화하는 것과 같아서 그 천연의 현상만 뚜렷이 나타날 뿐이요, 그 隱微한 實理와 광대한 작용법칙은 헤아려 짐작하기 어려운 것과 같아서 인공을 더한 흔적이 없는 것이다.

　사람의 힘으로 만들었지만 사람의 손때가 묻은 자취가 없고, 저질로 된 것 같으면서도 숭고한 사람의 얼넋이 깃들어 있나니, 이것을 천조의 신성한 창작품이라고 하는 것이다.

　전문가가 천연의 신성한 창작품을 만드는데 이르면 모름지기 聖人이라고 하나니, 그 슬기가 지극히 명통하고 그 솜씨가 지극히 신묘하여 그 생각이 미치지 못한 것이 없고, 그 수가 셈하지 못한 것이 없으며, 그 솜씨가 하지 못하는 것이 없는 까닭에 이것은 인류가 일찌기 도달 할 수 있는 최고극치이므로 성인이라고 하는바, 시성이나 서성이나 악성 등이 바로 이것이다.

　대저 사람이 전문분야에 전공修習하여 그 공부가 入神의 경지에 이르고 마침내 성인이 되는 것은 우리겨레의 영원한 희망이요 이상이었으니 만일 그 전공을 중도에 바꾸거나, 전문의 일을 소홀히 하여 해태하면 큰 잘못으로 여기고 서로 걱정하여 주었던 것이다.

　정교한 인조의 극치에 이르기 까지는 스승의 엄격한 지도가 필요한 것이지만 신조나 천조의 극치에 이르는 것은 인공의 한계를 벗어난 것이므로 인간의 의식을 초절하고 언어를 단절한 까닭에 오로지 독학자수하여 직관 자득할 수밖에 없는 것이다. 그러나 또한 인공을 떠나서 성신의 경지에 들어갈 수는 없는 것이니, 처음부터 훌륭한 스승을 찾아가서 바른 가르침을 받는 것이 올바른 차례이다.

우리나라 장이의 교육정신은 훌륭한 스승을 찾아감에 길의 멀고 가까운 것을 가리지 않고, 바른 훈도를 받음에 한 몸의 편안하고 괴로움을 돌보지 아니 하나니, 스스로 인공의 정교함에 이르지 아니하고는 도저히 신공의 비법이나, 천공의 도통을 깨달을 수 없는 까닭이었다.

대저 장이의 앞날은 자기의 정신과 노력에 그 성공이 달려 있는 것이므로 언제 어디서나 그 정신을 수양하고 일심전력하여 분발노력하는 것밖에 없으니, 오늘 한 가지를 배우고 내일 한 가지를 배워서 오래되면 저절로 모두 깨닫게 될 것이며, 오늘 하루 성실하고 내일 하루 성실하여 오래되면 자연히 성실하게 될 것이다.

그러나 또한 다같이 정성을 들이고 솜씨를 갖추어 정교한데 이르렀다고 하여도 그 사람의 힘과 얼넋에 따라서 또한 그 작품의 품격이 다른 바가 있으니, 대개 장이의 힘이 씩씩하면 기품이 높고, 장이의 넋이 깨끗하면 淸淡한 맛이 있으며, 장이의 얼이 맑고 빼어나면 神逸의 빛이 감돌 것이다. 이에 저절로 등급이 가려지나니 장이가 모름지기 신품이나 일품을 창작하려고 할 때에는 그 재능이나 기술에 앞서서 먼저 가지의 몸속에 날래고 씩한 힘을 기르고, 맑고 깨끗한 얼넋을 간직하는 수련이 있어야 하는 것이다.

그러므로 우리나라의 장이는 작업에 착수할 때에 먼저 목욕제계하고 의관을 정제하여 작업장에 홀로 들어가서 그 정신을 통일하고 그 정성을 지극히 갖추는 의식절차가 있었으니 그 처음을 엄숙하고 신중히 하여 부정과 불의를 물리침으로서 그 끝을 온전하고 아름답게 마치고자 하는 뜻이었다.

무릇 사람의 정신보다 신명한 것은 없다. 그 정신을 온전히 통일하여 3일을 제계하고 오로지 연구하면 자기의 평소에 솜씨보다도 열 배나 백배의 초능력이 나타나고, 만일 정신이 산란하고 사욕에 얽히면 평소의 자기 재능도 발휘하지 못하고 말게 된다. 대저 사람의 정신력은 도의와 배합 될 때 더욱 굳세지고, 이욕과 결탁 할 때 더욱 흐려지는 것이니 장이가 그 기술을 미끼로 물욕을 탐내면 그 즉시 신통력을 상실하고 마는 것이다. 우리나라의 장이는 절대로 名利를 돌아보지 않고, 오로지 그 작품자체에서 보람을 찾았던 위대한 긍지를 가지고 있었다.

제6절 벌이 얼넒이

벌이는 사람이 먹고 살기 위하여 열심히 일을 하고 돈을 버는 일이다. 밥을 벌어 먹을려고 하는 일은 밥벌이요, 돈을 벌려고 하는 일은 돈벌이니, 사람이 살림살이를 하는데 먹고 입고 자고 쓰는 일체의 물품과 비용을 마련하기 위하여 벌이를 하는 것이다.

인간사회의 현실생활이 의식주를 비롯하여 일용사물의 경제적인 바탕 위에서 營爲 되는 까닭에 인격의 독립은 필수적으로 경제의 자립 위에서 완성되고, 인간의 가치는 모름지기 생산의 활동을 통하여 빛나는 것이다.

태고로부터 우리나라는 자기식구의 생계문제는 자체적으로 해결하는 정신이 확립 되어 오늘날까지 이어 내려 왔으니 작게는 집안의 식구로부터 크게는 국가사회에 이르기까지 먼저 경제적인 자립을 제일 목표로 하여 가장 먼저 해결할려고 노력을 경주하였다.

그러므로 사람이 태어나서 20살이 되어 성인이 되면 스스로 벌어 자립하기 위하여 일터에 나아가 벌이 하는 것을 당연한 의무로 생각하였고, 늙고 병들어 자리에 누울 때까지 손발을 움직여 일하는 것을 큰 자랑으로 여겼으며, 혹시 벌이가 좋은 일거리를 찾아 뒷사람에게 전하여 길이 벌어먹도록 가르쳐 준 것을 위대한 선구자로 받들었던 것이다.

우리민족은 특히 자수성가하거나 자력 출세하는 것을 아주 기리어 흠모하였으니, 사람의 깨끗하고 씩씩한 얼넒이를 숭상하는 까닭이었다. 그러므로 부모의 유산으로 잘 입고 잘 먹는 것을 절대로 부러워함이 없었고, 오히려 부모의 유산을 다투거나 처가의 재산을 넘보는 것을 아주 부끄럽고 추하게 여겨 사나이로 보지 아니 하였던 것이다.

벌이는 위로 어버이를 잘 봉양하고, 아래로 처자를 양육하는 것이 그 근본 뜻이니, 그 정신이 대단히 숭엄하다. 사람이란 굶주려도 못 사는 것이요, 헐벗어도 못사는 것이며, 질병에 시달려도 못사는 것이 니, 부지런히 벌어서 늙은 부모를 배불리 먹이고 따뜻하게 입히며, 건강하게 받들어 오래오래 살도록 모시면서 또한 어린 처자들을 튼 튼하게 거느리는 것은 사나이의 두 어깨에 짊머진 무거운 책임이다. 이러한 책임을 완수하는 곳에 지극한 열락이 있고, 그와 같은 책임 을 수행하지 못하는 곳에 또한 지극한 고뇌가 있으므로 결국 벌이는 인생의 희로애락이 달린 중대한 일이다.

벌이가 겨우 생계문제를 해결하는데 그치지 않고, 더 나아가 생산 을 더욱 확대하며 재화를 더욱 풍부하게 하여 생활이 모두 넉넉하도 록 도와주고, 아름다운 문화를 창달하며, 복지를 고루 누리게 하여, 길이 국리민복을 위하여 크게 공헌하는데 이르면 그 위대한 공덕은 또한 聖德神功에 비길 수 있는 것이다.

인생의 행복이란 첫째 건강하게 오래 살고, 재물이 풍부하고, 착 하게 은덕을 베푸는 것이 그 기본이니, 모두 벌이가 넉넉하여야 보 장이 되는 일이요, 인간의 비애란 일찍 죽고, 병들고, 걱정 많고 가 난하고, 모질고, 나약한 것이니, 다같이 벌이가 없고 빈궁한 생활로 연유하여 생기는 일이다. 그러므로 사랑의 행복과 불행이 대개 그 벌이의 있고 없음에서 나누어지는 까닭에 무릇 사람의 벌이는 대단 히 숭엄한 것이다.

우리나라 사람은 누구나 벌이 하는 일터를 지극히 존중하고 벌이 하는 일꾼을 지극히 공경하였으니, 모름지기 일터에는 일을 하는 일 꾼 이외의 한가한 사람은 출입을 금지하고, 쓸데없이 일하는 사람에 게 이야기 하는 것을 아주 삼가 하였다. 따라서 남의 일터를 부수거 나 망치면 반듯이 변상을 하여주고, 남의 일을 방해하면 바야흐로 형벌을 받았다.

사람이 벌어먹고 사는 일에 참으로 절실하고 중대한 정신이 있는 까닭에 우리나라는 예로부터 사람이 먹고 사는 길을 넓게 활짝 열어 별로 금기함이 없었으니, 무릇 사람이 먹을 만한 것은 모두 먹게 하였으며, 사람이 할 수 있는 일은 모두 하도록 하여 아주 활발하고 자유로운 자세로 벌이를 하도록 하였다.

인간성을 해치거나 식중독의 걱정만 없다면 오곡백과는 말할 것도 없고 어육주과등의 산해진미를 고루 먹게 하였고, 속이거나 도둑질만 하지 않으면 힘을 쓰는 육체적 노동을 하거나, 마음을 쓰는 정신적 노동을 하거나, 재주를 쓰는 기술적 노동을 하거나 다같이 떳떳하게 일하도록 하였으니 모름지기 사농공상의 직업을 선택하는 자유뿐만 아니라 수륙해공의 천연자원을 마음대로 이용할 수 있는 권리가 있었으며 또한 편리한 삶터를 골라 다니며 살 수 있는 거주이전의 자유를 일찍부터 부여하였던 것이다.

더우기 도의에 어긋나거나 법률에 저촉만 되지 아니하면, 벌이를 함에 가장 실리적이고 가장 실용적인 벌이를 대단히 권장하였으니, 부질없이 소득도 없는 일에 인력과 재화를 낭비하는 것을 엄중히 경계하였다. 경제적인 생산활동에 있어서 실용주의사상은 사람을 아끼고 물자를 절약하는 원리이므로 이것은 가장 합리적이며 또한 선덕의 극치라고 할 것이다.

가급적 머리를 써서 능률적인 방법을 연구하고, 힘을 합쳐서 협동적인 조직을 개발하며, 솜씨를 다듬어 새로운 기술을 발명하여 좀더 쉽게 벌고, 좀더 대량생산하고 좀더 값어치 있는 것을 만들어 내는 것을 크게 포상하였고, 이와 반대로 손실이 지나치게 많거나, 생산의 체계질서를 파괴하거나, 쓸데없는 물건을 만드는 것을 엄금 하였으니, 나라의 정제정책을 세움에 있어 항상 일터를 늘이고, 실업자를 줄이며, 생산은 능률적으로 하고, 지출은 수입의 한도 안에서 값지게 쓰도록 운용하여 인민으로 하여금 한때의 고생을 참고 분발노력 하므로서 반드시 넉넉한 돈을 벌어 남은 한평생을 안락하게 살도록 하였다.

온갖 슬기와 힘과 솜씨를 다하여도 벌이의 길은 결국 부존자원을 개발이용하거나 가치 있는 물건을 창조발명하거나, 자기의 모든 역량을 발휘하여 일을 하는 것이니, 그 터전이 마침내 자연현실이거나, 사람의 사려이거나, 사회의 현상일 뿐으로 모두 자연과 인간이 공존공생하는 길이요, 나와 남이 상부상조하는 관계이다. 이에서 유한한 사물을 무궁하게 활용하고, 유한한 인생에 무한한 성공을 기약하는 벌이를 경영하는 것이다.

그러므로 사람이 일을 함에 스스로 그 성실근면을 더하고, 저절로 신용과 기술을 쌓으며, 반드시 정직과 명확을 익혀서 벌이가 많아질수록 그 인격도 높아져서 마침내 국내뿐만 아니라 외국에 까지 그 신망이 두텁게 되었다.

애당초 벌이의 얼넋이 숭경한데다가 벌이의 자세까지 이와 같이 진중한 까닭에 우리나라는 언제나 일꾼을 아주 극진히 대우하여 아끼고 특별히 잘 먹이며 잘 입혔던 것이니, 일꾼의 진심갈력하는 노고를 익히 아는 까닭이다.

벌이의 참 뜻을 깨닫고 열심히 일하는 정신을 우리 민족은 가장 아름답게 여겼으므로 막벌이를 하거나 맞벌이를 하는 것까지도 모두 착하고 참된 삶으로 칭찬을 아끼지 아니 하였다. 따라서 우리 민족은 일을 고통으로 여김이 전혀 없었고 도리어 일에 재미를 붙이고, 일을 많을수록 즐거움이 넘치며, 일이 성공하는 데에서 보람을 얻었던 것이다.

들에서 김을 매거나 집에서 길삼을 하거나 일터마다 모두 노래와 춤이 있어서 힘들고 괴로운 것을 즐겁고 보람찬 것으로 바꾸는 슬기가 우리에게 있었던 것이다. 비단 벌이 하는 일뿐만 아니라 살림사는 일까지도 신바람이 나게 하여 전혀 싫증을 느끼지 못하였으니, 남자나 여자나 하는 일이 없이 빈둥빈둥 노는 것을 아주 쓸모없는 사람으로 여겼고, 젊거나 늙거나 제가 할 일을 못하고 남에게 의지하는 것을 아주 부끄럽게 생각 하였던 것이다.

작은 부자는 부지런함에서 나오고, 큰 부자는 하늘이 낸다는 사실을 일찍부터 깨달아 누구나 일상생활 속에서 근검절약하는 것이 곧 재산을 모아 윤택하게 사는 길임을 깊이 인식 하므로서 온 나라 사람이 모두 근면하고 검소한 생활 습관을 익혀서 우리나라의 풍속이 아주 성실질박하게 되었을 뿐만 아니라 간혹 부호나 기업가가 그 가운데 있어도 전혀 사치하며 교만함이 없이 더욱 정신을 차려서 오직 민부가 국부의 기초가 되고, 사기업이 공기업의 선도가 되는 것을 분명히 의식하여 절대로 재화를 死藏하거나 이익을 독점함이 없었던 것이다.

만일 일꾼을 학대하여 강제노역을 시키거나, 인력을 낭비하여 태업을 하거나, 생산시설을 버리고 폐업을 하거나, 생산물품을 썩히어 버리는 일은 아주 부도덕한 것으로서 천벌 받을 일로 생각 하게 되었다. 따라서 사유재산이면 사유재산일수록 더욱 정결하게 모아 저축하였고, 국공유재산이면 국공유재산일수록 더욱 청렴하게 경리운영 하였으니 문물이 크게 발달하고, 얼넋이 드높히 떨치어 국운이 항상 왕성하였던 것이다.

돈이란 아무리 많이 벌어도 아낄 줄을 모르고 철없이 써버리면 재산을 모을 수 없는 것임을 알아서 한 푼 두 푼 재미나게 모으는 절약정신과 국가재산이 곧 국민재산이요, 사유재산이 곧 공유재산임을 깨닫고 서로 보호하고 서로 협조하는 공동체의식과 일을 같이 하면 이익을 똑같이 갈라먹되 어려운 사람에게 더 보태주는 균평한 분배 원칙 위에 뚜렷히 정립되어 수천 년 동안 이어온 우리나라의 벌이 얼넋이는 예로부터 경제적인 분규나 분쟁이 비교적 없었던 것이다.

가진 사람은 가진 것이 많을수록 어려운 사람을 구제할 책무를 다하여 널리 은덕을 베풀고, 일 하는 사람은 능력이 많을수록 고달픈 사람을 보호할 사명을 다하여 찾아가 선심을 쓰는 까닭에 고을마다 떠돌아다니는 거지가 없고, 마을마다 헐벗고 굶주린 사람이 없었던 것이다. 음식을 정결하게 장만하여 골고루 나누어 먹는 정신은 부엌을 항상 정제하게 하는 생활문화를 이룩하였고, 나의 일을 먼저 끝내면 남의 일을 도와주는 협조정신은 일거리를 항상 공개하여 여러 삶의 지혜와 힘을 모으는 노동문화를 이룩하였은즉 이에 벌이가 많으면 많을수록 그 부모처자는 말할 것 없고 친척과 이웃이 더욱 기뻐하고, 일을 잘하면 잘 할수록 그 부모형제는 말할 것도 없고 붕우와 나라사람이 자랑으로 여겼던 것이다.

벌이는 비록 혼자 하여도 소유는 가족집단의 공동으로 하고, 일은 각각 자기가 맡은 일을 하되 힘이 남으면 남의 일을 힘껏 도와서 사회집단의 공영을 기약하는 우리의 벌이 얼넋이야 말로 세계에서 가장 훌륭한 모범이 되었던 것이다.

제7절 군인 얼넋이

군인은 나라를 지키고 국민의 생명과 재산을 보호 하는 신성한 책무가 있다. 스스로 천하의 정의를 주체하여 국가의 주권을 몸소 수호하는 사명과 임무를 가지고 있으니 그 정신이 지극히 숭고한 것이다.

천하무적의 용기로 정의를 주체하여 세계평화를 유지하고, 자기의 몸을 돌보지 아니하는 정신으로 나라의 주권을 수호하여 국위를 선양하는 충의의 얼넋은 참으로 정의의 표상이요, 호국의 간성이다.

우리나라는 단군이 개국한 이래로 한결같이 평화를 애호하고 문화를 숭상하여 이웃나라와 두루 우호교린하여 상부상조하면서 인류공영의 큰 길을 개척하여 왔으나, 때때로 포악한 호로만적들이 그 가운데 끼어 나와서 우리의 신성한 강토를 유린하고, 선량한 종족을 학살하며, 귀중한 보화를 약탈하므로 부득이 날래고 씩씩한 용사를 뽑아서 나라를 호위하는 군대를 양성하여 국경을 수비하는 책무와 천하의 정의를 확립하는 사명을 부여하였으니 이에 우리나라가 반만년의 자유독립을 누리어 왔고 동방의 안녕과 번영을 길이 보장하게 되었던 것이다.

그러므로 우리나라의 군인은 충의군이니, 5천년을 한결같이 나라를 위하는 충혼과 정의를 지키는 기백으로 이어온 위대한 전통은 비단 우리 국사에 뿐만 아니라 저 동양사에 찬연히 빛나고 있는 것이다.

충의군은 나라의 정병이요, 천하의 의군이니, 전쟁이나 정벌을 함에 반드시 승리하는 천하무적의 군대이다. 무릇 정병은 오합지졸에게 절대로 굴복함이 없고, 의군은 역도들에게 절대로 항복함이 없는

것이니, 하늘땅 사이에 어찌 정기가 사악에게 비굴할 것이며, 의기가
포학에게 굴복할 것인가? 오로지 정충대의는 절대로 꺾이거나 굽힘
이 없는 얼넋이니 하늘땅과 더불어 영원히 빛나는 것이요, 저 사악
이나 포학은 비록 한때 성하여 그 기염을 토할지라도 병들고 시들어
반드시 자멸하고 마는 것이므로 우리 군인전통의 위대한 충의정신은
오늘에 이르러 더욱 광휘를 더하고 있으나 저 호로만적들의 검은 야
욕은 벌써 썩어서 死灰가 되어버렸다.

　모름지기 오랑캐들이 우리나라를 침략함에는 언제나 똑같은 수단
을 썼던 것이니, 곧 우세한 병력과 우월한 무기와 새로운 전략전술
을 가지고 변경을 압도하였던 것이다. 그러나 우리 군인의 열열한
충혼과 드높은 의기는 용기백배하고 묘기백출하여 한사람이 백 명의
적을 감당하고 한 마리의 말을 타고 천명의 적을 감당하여 한치의
땅도 적군의 발아래 더럽히지 아니 하였으며, 만일 우세한 병력과
우월한 병기에 밀리거나 간교한 전략과 교묘한 전술에 속아서 비록
한때의 열세에 봉착할지라도, 마침내 우리의 날래고 씩씩하여 임전
무퇴하는 용맹과 맑고 빼어나서 신출귀몰하는 지략으로 즉시 전열을
정비하고 전력을 집중하여 전세를 만회하고 마지막 결전에서 적의
의표를 찔러 끝내 대승을 쟁취하고 말았으니, 우리의 정병의군은 적
의 어떠한 공격에도 추호의 두려움이 없었고, 최후의 승리는 우리의
것임을 조금도 의심한 적이 일찌기 없었다.

　우리나라의 전통적인 군인 얼넋이는 이와 같이 나와와 겨레를 안
전하게 보호하는 충성심과 천하인류를 화평하게 보살피는 인류애로
뭉쳐진 까닭에 그 기운이 지극히 맑고 빼어나며, 깨끗하고 온전하며,
날래고 씩씩하여 항상 필승의 의지가 충만하고, 필승의 용기가 넘치
며, 필승의 지략이 풍부한 것이 그 특징이었다.

　필승의 의지는 우리 군인의 기본자세다. 전쟁은 사람이 하는 것이
요, 사람은 뜻으로 사는 것이다. 공격도 사람의 의지로 결행하는 것

이며, 항복도 사람의 의사로 결단하는 것이니, 결국 전쟁은 의지력의 싸움이다. 필승의 신념을 확고하게 간직하고 최후의 승리를 자신하면서 조금도 공포심을 갖지 않고 불퇴전의 자세로 맡은 바 책임을 완수하는데 진력하여 비록 악독한 칼날에 목이 떨어지고 붉은 선혈을 강산에 뿌릴지라도 결단코 항복을 하지 아니하는 장렬한 의지가 남아 있는한 우리나라는 끝내 아무도 감히 범할 수 없고 우리겨레는 끝내 아무도 감히 해칠 수 없다.

약소한 나라가 강대한 나라와 전쟁을 함에 있어 만일 전의를 상실 한다면 무조건 항복의 치욕 밖에 남은 것이 없을 것이요, 치욕으로 얼룩진 삶은 민족의 버림을 받고 역사의 죄인이 될따름이므로 용사들은 더럽게 사는 것 보다는 차라리 깨끗하게 죽을 길을 선택하였던 것이다.

우리나라는 5천년을 이어온 찬란한 문화국이요, 우리민족은 우수한 단일민족이다. 어찌 이 찬란한 문화의 유산을 오랑캐의 손에 더럽힐 것이며, 이 순결한 배달민족을 오랑캐의 발끝에 짓밟히게 할 것인가!

전쟁은 군인이 하는 것이다. 투지에 불타는 패기만만한 군대는 아무도 가볍게 넘볼 수 없는 것이며, 적이 비록 대량 살상하는 무자비한 과학무기를 앞세우고 수단과 방법을 가리지 아니 하는 악랄한 전략전술로 뒤에서 조종하여 침공한다고 하여도 우리가 최후의 일인까지 결전을 각오하고 날렵하게 대항하면 그 엄청난 위력도 저절로 빛을 잃고 제풀로 물러가고 마는 것이다.

자고로 군인이 전장에서 싸우다가 죽는 일은 있으려니와 싸우지도 아니 하고 항복을 하는 것은 있을 수 없는 것이니, 전쟁에서 끝까지 항복을 하지 아니 하는 것을 우리나라는 지극히 숭상하였다. 전선에 대치하여서는 말할 것도 없고, 비록 포로로 잡혔다고 하여도 절대로 무릎을 꿇고 항복을 하는 일이 없었다.

그러므로 그 충절과 지조를 깨끗이 하여 늠연한 기상을 남긴 사람은 그 위대한 충혼을 기리어 대대로 향화를 그치지 아니 하였고, 만일 비겁하게 절개를 버리고 엎드려 항복을 함으로서 구차한 생명을 부질없이 연장한 사람은 그 오욕이 후세에 미쳤으니 세상에서 가장 더럽게 여겨 남녀노소가 다같이 침을 뱉었던 것이다.

우리의 엄중한 군법은 지사나 용사나 역사나 장졸을 막론하고 마땅히 죽을 자리에서 값있게 죽어 일사보국을 요구할 뿐이니, 군율을 어기거나 명예를 더럽혀가면서 결정적인 시기에 의심을 품고 우물쭈물 살 수 있는 기회만 노리는 것을 간구로 지목하고 극형에 처하여 엄징하였던 것이다.

戰士의 견고투철한 필승의지는 마침내 죽음에 이르러도 불요불굴하여 더욱 그 투지가 살아나는 까닭에 적이 오히려 공포감을 갖게 되고 승리를 의심하여 마침내 전의를 상실하는데 이르게 되는 것이므로 그 때까지는 절대로 우리의 승전의지를 포기 하여서는 아니 된다. 적세가 강성하면 강성할수록 더욱 분투노력하여 명철한 의지로 가다듬고, 전황이 지구전으로 들어가 오래가면 오래갈수록 더욱 분발 정진하여 투철한 의지를 확립하여 임전무퇴 일심 충성하는 의지력이 있어야 최후의 승리를 쟁취 할 수 있는 것이므로 필승의 의지가 군인의 기본자세가 되었든 것이다.

필승의 용기는 우리 군인의 전투정신이다. 사나운 용맹과 충천한 의기는 견적필살의 기세로 과감하게 돌격하여 적군을 처부스는 날래고, 씩씩한 필승의 용기가 있어 노도처럼 추격하고 벽력처럼 격파하여 그 앞길에 어떤 두려움도 없고 아무런 꺼리낌도 없어서 적진을 마치 무인지경처럼 자유자재로 드나들면서 닥치는 대로 무찔러버리고, 보는대로 휩쓸어 버리는 것이다.

준수한 체질과 호쾌한 담력과 영걸스러운 지능에다가 신묘한 무술을 익혀서 초인절륜하니 만부부당이라 한번 나아감에 천리가 숨을

죽이고, 한번 싸움에 묘기가 백출하여 그 기개가 우주를 삼키고 그
이름이 천하를 진동할새 그 위세가 가는 곳마다 적군의 간담을 서늘
케 하여 그 사기를 여지없이 꺾어 버리는데 그 이름만 들어도 귀신
처럼 무서워하고, 그 깃발만 보아도 오금이 절여서 주저앉아 버리며,
그 우렁찬 목소리를 들으면 오장이 파열하여 혼비백산하여 버리니
감히 그 앞에 아무도 대적할 이가 있지 못하는 것이다.

일반적으로 군대의 사기는 충분한 훈련과 우월한 병기와 풍부한
물자와 훌륭한 통솔력에 따라서 진작되는 것이나, 우리나라의 유구
한 軍史에는 그러한 여러 가지 조건을 제대로 갖추지 못한 상황에서
도 조금도 구애받지 않고 오로지 나라를 위기에서 구하겠다는 충절
일념으로 홀로 떨치고 일어나 용약 분전하여 백전백승한 예도 많았
으니, 이것은 평소에 이름을 감추고 숨어서 무예를 익히며 병법을
공부하다가 나라에 전쟁이 일어나면 모병에 자원입대하거나 또는 의
병을 일으켜서 탁월한 무략으로 적군을 격퇴하여 일약 용맹을 날리
는 장병도 많았던 것이다.

대개 신기묘산의 무예를 정통한 사람은 또한 도덕적인 인격까지
반드시 갖추어 그 성실 고매한 지성은 죽이고 살릴 것을 엄격히 선
별하고, 옳고 그른 것을 뚜렷이 살필 뿐만 아니라, 성패득실의 전책
임을 홀로 감당하는 용기가 있는 까닭에 그 신무성덕의 명성이 사방
에 진동하여 보는 사람마다 숭경하지 아니하는 이가 없고, 듣는 사
람마마 사모하지 아니 하는 이가 없게 되는 것이다.

전쟁은 무예의 싸움이다. 한 평생 동안 갈고 닦은 기예를 하루아
침 한 마당의 전투를 통하여 그 역량의 우열을 시험하는 것이니, 만
일 이 싸움에 지게 되면 전선이 무너지고 전력을 상실하게 되는 것
인즉 어찌 전력분투하지 않을 것인가? 만일 재주를 아끼고 몸을 도
사리어 싸움을 포기한다면 이것은 다만 국가의 양병하는 은혜에 보
답하는 천재일우의 기회를 무산시킬 뿐만 아니라 또한 적을 이롭게

도와 불러들이는 역적의 죄를 벗어날 수 없게 되는 것이다.

예로부터 우리나라는 국민 모두가 국방의 의식이 철저하여 적군이 전쟁을 도발하면 천리를 멀다 아니 하고 단숨에 쫓아가 격멸하여 버렸으니, 현역군인은 말할 것도 없고, 퇴역군인이나 초야에서 무예를 익힌 사나이까지도 시각을 다투어 전선으로 달려갔으며, 현직공무원과 전직공무원 및 충의지사는 모두 국가의 元首를 호위하는데 앞장섰던 것이다.

이에 온 국민이 분연히 궐기하여 적군이 북쪽에서 오면 북쪽으로 몰려가고, 남쪽에서 오면 남쪽으로 몰려가고, 동쪽에서 오면 동쪽으로 몰려가고, 서쪽에서 오면 서쪽으로 몰려가며, 산에서 오면 산으로 쫓아가고, 바다에서 오면 바다로 쫓아갔으니, 적이 오는 곳마다 찾아가 쳐부수지 아니 함이 없었던 것이다.

필승의 지략은 우리 군인의 타고난 슬기이다. 전군의 정신력을 순결하게 배양하여 군심을 충의의 깃발아래 하나로 모아서 엄정한 군기를 확립하고, 병기와 무술을 끊임없이 연구 개발하여 적재적소에 비치하여 만전의 준비로 사기를 드높이 진작하고, 전략전술을 신묘명통하게 창안하여 천변만화의 용병술로 백배의 전공을 세우는 무적의 전력을 증강하여 요새에 비장하여 불의의 변란에 항상 대비하였다.

우리민족은 유비무환의 슬기를 일찍 체득하여 한결같이 부국강병책을 강구하는데 조금도 게을리 하지 않았으니 천문을 관찰하여 기후의 변화를 살피고, 지리를 관찰하여 천험의 요새를 다듬고, 민정을 시찰하여 충효의 윤리를 밝혀서 병사와 농민이 일치하고, 국민과 군대가 일체가 되어 전력을 민력 속에 감추어 두는 슬기를 발휘 하였다.

국민의 윤리도덕이 곧 군인의 윤리도덕이요, 국가의 예의법도가 곧 군대의 예의법도이며, 사회의 조직체계가 곧 군제의 편성체계이므로 군인의 모범이 곧 가정의 모범이며, 나라의 모범이었던 것이다. 그러므로 우리나라의 신성한 모범 군대는 그 신망이 만인의 가슴 속에 가득히 넘치고, 싸우기도 전에 그 승리를 모두 점치는 까닭에 가는 곳마다 환영을 받고, 멈추는 곳마다 환호성이 울리게 되므로 그 당당함이 온 누리에 빛났던 것이다.

무릇 전쟁은 궁극적으로 지략의 다툼일 운이다. 신명한 지략은 싸우지 않고 이기고, 교묘한 전략은 백전백승하며, 능란한 지략은 패배하여도 멸망하지는 않는 것이다. 그러므로 필승의 지략을 연구함에 천지만물과 인생만사를 모두 아울러 한 가지도 남김없이 속속들이 꿰뚫어 통찰하여 그 묘리를 깨닫고 비법을 찾아서 작전에 이용하고 모사에 활용하는 것이니, 위로는 천기를 살펴서 음양을 배합하고, 아래로는 지리를 살펴서 강유를 조화하며, 가까이는 인심을 살펴 희노애락을 절중하고, 멀리는 역사를 살펴 영웅의 신책을 응용 하는 것이다.

대저 고금의 신책묘산은 양동음정하는 양의의 자연원리에 따라서 수시변역하고, 강건유순하는 5행의 자연현상에 따라서 임기응변하며, 음양5행의 상생 상극하는 상황법칙에 따라서 자율 조절하는 까닭에 시세가 변함에 진법을 달리하고, 처지가 바뀜에 작전을 고치며 전황이 옮겨감에 전술을 변경하므로 천태만상으로 천변만화하는 것이지만 그 요령은 지극히 간단하고 쉬워서 아무 어려움이 없이 자유자재로 능수 능변하는 것이었다. 그 신묘한 계략에 적군은 그저 손발을 놓고 넋을 잃게 되는 것이니 비록 우수한 무기가 있어도 쓸 사이가 없고, 한갓 꾀를 내는 일이 도리어 이용만 당하여 망연자실하고 물러갈 구실만 찾게 되는 것이다.

전쟁은 필승이 있을 뿐이다. 승리는 원래 지략에 달려있다. 어리석은 사람이 지혜로운 사람을 이길 수 없는 것이며, 나약한 사람이 날랜 사람을 감당하지 못하는 것이다. 그러므로 평소에 성실 경건하게 양심을 간직하여 기르고, 격물 궁리하여 물리를 깨달아 인식하여 뛰어난 사고력과 밝은 판단력과 힘찬 실천력을 연마하지 아니 하면, 하루아침 창졸지간에 큰 일을 그르치고 만다.

신명한 지략은 오로지 숭고한 얼넋에서 나온 것이니, 온갖 사리 사욕과 망상잡념을 모두 끊고 정신을 통일하여 전일한 생각으로 밤낮을 가리지 않으면서 재삼 반복하여 헤아려 셈함으로써 얻어지는 것이다. 그 신책묘산이 나옴에 아군은 천백 배의 군사력을 증강 하는 것이요, 적군은 자기도 모르는 사이에 무용지장물로 전락하여버리니 이에 필승의 전공을 걷우게 되는 것이다.

대저 적을 가볍게 여기면 실패하는 것이 모두 오만심이 앞서는 까닭이다. 교만하면 해태하고 해태하면 정신이 혼탁하게 되고, 정신이 흐리멍텅하면 도저히 신묘한 지략이 나올 수 없다. 그러므로 전쟁에 임하여 만전을 기하는 사람은 먼저 자기의 사욕을 극복하나니, 그 氣神을 담백하게 하며 지각을 명철하게 하며 心志를 안정하여 사려를 투철하게 하는 것을 일삼는 것이다.

훌륭한 수련생활을 통하여 사물을 선견통찰하는 형안과 사람을 꿰뚫어 보는 식견이 있을 뿐만 아니라 현재의 여건 속에서 알맞게 조절하여 종합 통제하는 능력과 탁월한 전략을 개발하여 자유롭게 구사하는 지능이 갖추어진다면 참으로 타인이 도저히 상상할 수 없는 적의 의표를 찌르는 계책으로 대담무쌍하게 작전을 개시하여 전광석화처럼 한 순간에 모든 목적을 달성하여 버릴 수 있는 것이다.

그러나 충신한 자질로 지식과 인덕과 용기를 겸비하지 않으면 도저히 여기에 도달할 수 없는 것이니, 저 천지의 정신과 그 정신이 합하고, 저 인류의 마음과 그 마음이 하나가 된 결과 신명한 지략으로 나라를 수호하는 神武가 되고, 인류를 구제하는 聖德이 되어 기리 그 이름이 역사에 빛나는 것이다.

제8절 세계 속의 한국정신

한국정신의 특질은 자체정신의 완성을 궁극의 목표로 하여 그 가운데에서 스스로 보람과 즐거움을 찾는 것이다. 학교에서 공부를 하거나 관공서에서 공사를 하거나 들에서 김을 매거나, 바다에서 고기를 잡거나 시장에서 장사를 하거나 공장에서 작업을 하거나 서로 하는 일은 비록 달라도 그 궁극의 목표는 모두 한결같이 자기정신을 완성하는 것이다.

자체정신의 완성은 자기정성을 갖추어 자기도리를 다하는 것이니, 바야흐로 때와 장소에 알맞고 사람에게 편안하게 하는 것이다. 그러므로 안 밖이 합일하고 物我가 일체하여 자기인격을 완성하며 만물의 생영을 모두 성취하여 至善의 극치에 이르는 것이다. 따라서 자체정신의 완성이 곧 세계정신의 완성이며, 한국정신의 특질이 곧 우주정신의 본질인 것이다.

현대세계에서 가장 위대한 한국정신의 결정은 홍익인간 접화군생 이화세계의 개국이념을 5천년에 걸쳐 끊임없이 이어온 인간정신이다. 사람이 타고난 맑고 깨끗한 얼넋이를 모두 그대로 간직하여, 어린이는 튼튼하고 총명하게 키우면서 엄격한 아버지와 자애로운 어머니의 헌신적인 가정교육과 스승을 높이고 벗을 친하는 너그러운 학교교육과 나라에 충성하고 어른을 공경하는 밝은 사회교육을 통하여 가풍을 지키고 학풍을 따르며, 국풍을 받드는 인격을 완성하여, 어른은 성실하고 명철하게 우주의 진리를 확신하고, 인생의 선덕에 충실하며 역사의 법칙을 꿰뚫어 가훈을 받들어 가정을 화목하게 하며,

국법을 준수하여 나라에 의무를 다하며, 평화로운 사회를 건설하여 인후 관대한 어른의 풍도를 갖추며, 젊은이는 날래고 씩씩한 용기로 정의를 자임하여 스스로 정직 방정한 모범을 보이고, 민생의 이해득실과 인사의 시비선악을 자세히 살피어 분명하게 가려서 항상 멸사봉공하고 파사현정하는 원기정신을 발휘하며, 늙은이는 인간사를 두루 달관하고 천하사에 모두 초연하여 조용히 세월과 더불어 함께 고결하게 늙어 가면서 있고 없음을 막론하고, 살고 죽음을 초월하여 仙境精舍에 놀면서 남은 복록을 길이 누리는 노인정신을 남기는 것이다. 이와 같이 어린이가 방종하거나 우둔하거나 나약하지 아니 하며, 어른이 해태하거나 교만하거나 문란하지 아니하며, 젊은이가 잔인하거나 아첨하거나 원망하지 아니하며, 늙은이가 탐욕하거나 쇠잔하거나 추악하지 아니한 것이 바로 한국정신이 세계 속에서 가장 빛나는 특질이라고 할 것이다.

지식과 인애와 용기를 갈고 닦음에 스스로 誠明을 한 몸에 모아 간직하는 평생공부와 가정과 국가와 세계를 꾸미고 가꿈에 스스로 선덕을 베풀어 구세제인하는 일생사업과 사농공상의 전문직업에 종사함에 솜씨를 다듬어 재능을 전부 발휘하고 인류사회에 기여하는 일신의 공로와 부귀공명에 초연하고 생로병사를 달관하여 청산 속에 그 몸을 영원히 숨기는 만년의 청풍은 이 하늘땅 사이에서 가장 참되고 착하고 아름다워서 인류의 선덕에 조금도 빠짐이 없었고 자연의 원리에 한치도 어그러짐이 없었다.

천지의 경위에 반듯하고 만물의 본의에 철저 하면서도 인류전체의 화합공영을 추구하는 한국정신은 스스로 강건한 정신에다가 도덕을 배합하고 예의를 구비하여, 순리로 때를 따르고, 분수를 지키어 도리를 행하는 까닭에 그 시대상황과 현실여건에 따라서 그 추향이 달랐던 것이다.

상고시대에는 인방의 淸虛之氣가 온 누리에 가득하고 단군의 덕치로 세계가 화평하니 모든 생명이 장생불사하는 까닭에 마침내 봉황이 노래하는 신선국이 되었었고, 중고시대에는 진방의 中和眞氣가이 땅에 가득하고 문명한 정치로 풍속이 순박하니 사람들이 모두 착하고 진실하고 너그러워서 군자국이 되었었고, 근세에는 동방의 신령한 정기가 산천에 가득하고 법제에 의한 정치로 예법절도가 확립되어 관혼상제의 예절이 있고, 충의효렬의 의리를 알아서 행하는 까닭에 예의의 나라가 되었던 것이다.

스스로 자기 한 몸의 인격을 확립하기 위하여 온갖 진리를 실천하여도 사리사욕은 엄중 경계하여 한 치도 용납함이 없고, 서로 도우며 더불어 함께 살면서 의리를 지키고 인정을 나누면서도 외세에 의존하는 것을 엄금하여 털끝만치도 굽히지 아니 하였으니, 길바닥에 황금이 떨어져 있어도 제 것이 아니면 처다보지 아니 하였고, 가난한 오두막집에서 굶고 앉았어도 비굴하게 아첨할 줄을 몰랐었다. 모든 것이 자유롭고 평등하며 의롭고 공명하여 마을은 마을마다 인정이 넘치고, 고을은 고을마다 풍속이 아름답고, 나라는 나라마다 정의가 드날려서 집집마다 화락하고 사람마다 안녕하게 되니 드디어 봉황이 노래하고 기린이 춤추는 이상향이 되었던 것이다.

그르므로 천하에 뜻을 얻지 못하여 시름하는 사람이나, 인생의 고통 속에서 신음하는 사람들은 모두 한결같이 조선 땅에 와서 살고싶어 하였으니 일반인은 말할 것도 없고 대성 孔夫子도 동방의 군자국인 조선에 와서 살고 싶어 하였고, 맹자는 말하기를 고대에 가장 위대한 성인의 한분인 舜이 東夷에서 나왔다고 증언 하였을 뿐만 아니라, 백이숙제나 강태공이 모두 극동지역에서 늙었다고 하였고, 기자는 오히려 조선으로 망명하여 살았음을 밝혔다. 이로 본다면 조선은 옛날부터 천하의 성현이 출입하고 문인달사가 왕래하던 문향례방이었던 것이다.

비단 이처럼 겨레의 인품만 훌륭했을 뿐만 아니라 기후와 산천까

지도 매우 청광 수려하여 4시4철이 뚜렷히 바뀌고 비단결처럼 명산
대천을 펼쳐 벌렸으니, 백두산을 비롯하여 금강, 삼각, 지리, 한라의
5악과 압록강, 두만강, 대동강, 한강, 금강, 낙동강의 맑은 물이 화려
한 금수강산을 이루어 절경승지를 구비구비 펼치니 예로부터 중국을
비롯한 이웃나라의 시인묵객들이 탄복한 나머지 "죽어서라도 고려에
태어나 금강산을 한 번만이라도 보고지고"라고 노래하였던 것이며,
또한 중원이 어지러워서 학술이나 예법이 민멸되면 반드시 고려에
와서 문물의 원상을 재발견하여 갔던 것이다.

슬기롭고 너그럽고 씩씩한 한국정신은 진리를 찾아 배우고 익힘에
널리 국경을 초월 하였고, 인덕을 베풀어 사람을 구제함에 종족을
차별 하지 않았으며, 만물을 주간 하여 사업을 경영함에 신분이나
계급을 가리지 아니 하였으니, 인간의 양식이 되는 것은 고금신구를
가리지 아니하고 수용하여 연구발전 시켰으며, 인생을 유익하게 하
는 일은 동서남북에 고루 확대 추진하여 개발 진작하였으니, 인류역
사에 남아 있는 학술사상이면 어느 것 하나라도 외면하여 연구하지
아니 한 것이 없고, 이 세상에 나타난 만물이면, 어디에 있던지 기
어이 찾아가 관찰하지 아니 한 것이 없었던 것이다. 그러므로 세상
에 있는 것은 빠짐없이 조선에 모두 있고, 한국에 없는 것은 세계에
도 없는 것이었다.

이와 같이 좁은 땅에 살면서도 세계를 넓게 여기지 아니 하고, 작
은 나라 안에다가 이상세계를 건설하여 시대마다 늘 선진하고, 분야
마다 항상 선각이 된 것이 참으로 날래고 씩씩한 한국 사람의 얼넋
이 살아 있었던 까닭이었다고 할진대 우리 겨레의 천하는 한 집이라
는 정신과 현세이상을 추구하는 사상은 화평세계를 건설하는 토대라
고 할 것이다.

뭉치어 통일하면 한 몸에 충만 하여 절대불변의 주체를 확립하고
펼쳐서 드날리면 우주에 가득 차서 신묘 정교한 조화를 이룩하는 한

국정신은 작게 하면 작게 할수록 더욱 정밀하고 크게 하면 크게 할
수록 더욱 거대하며, 보면 볼수록 더욱 신기하고, 믿으면 믿을수록
더욱 든든하며, 오래가면 오래갈수록 더욱 새로운 것이다.

第2篇 大道政治의 原理

제1절 서 론

大道정치는 천지의 대도를 말미암아 인류의 萬善을 종합하고, 저 세상과 이 세상을 통틀어 사물의 본질을 밝혀서 온 누리에 광명이 가득하고 인생의 보람을 누리는 이상향을 건설하는 길이니, 인간의 지혜와 노력으로 도달할 수 있는 가장 완전하고 아름다운 절대 至善의 모범정치이다.

자주독립국가의 주권을 확립하여 天時의 자연절도를 본받고 천하 정의의 대경대법을 밝혀서 화평한 자유민주사회를 건설하여 모든 사람이 다같이 평등하게 풍요로운 후생복지를 누리게 하는 대도정치는 인류의 영원한 희망으로서 동방정신의 유구한 전통사상이다.

인간을 만물의 영장으로 인정하여 하늘과 사람을 아우르고, 현상의 사물 속에서 진리의 본체를 인식하여 도리와 사업을 버무리며, 천하가 일가요 八紘이 一字임을 깨달아 사해인류를 동포형제로 맺으니, 아무리 작은 것이라도 스스로 하늘을 간직하고, 아무리 큰 것이라도 저절로 한 울안을 벗어나지 아니 하여 각각 흩어져서 하늘땅에 펼쳐도 크게 하나로 통일되어 자연 질서를 갖추고, 모두 모아 하나로 버무려도 있는 그대로 원융 조화되어 신묘감응 하나니 이것이 곧 천지의 조화요 우주의 원상이다.

왕도정치는 천지의 대원리와 인류의 온정신을 바탕으로 하여 천명을 받들고 민심을 따르며 자연법칙에 순응하여 인생사업을 온전히 완성 하므로써 대통일의 정신과 대화합의 힘으로 지상천국의 낙토를 건설 하는 것이다.

이 세상에 가장 살기 좋은 극락세계를 조성함에 기본적으로 갖추어야 되는 요강이 있으니 이 요강을 구비하여야만 대도정치의 본의가 온전히 발휘 될 수 있는 것이다.

사람마다 안정된 현실 위에서 자유로운 삶의 조건이 충족되어야 할 것이며, 공명한 사회 안에서 평등한 인간의 권리가 존중 되어야 할 것이며, 믿음직한 정부를 조직하여 민의를 수렴하고 공론에 따라 행정함에 스스로 책임을 완수 하여야 될 것이며, 튼튼한 나라를 세워서 국토를 수호하고 인민을 보호하여 주권을 호위하여 국위를 선양하여야 될 것이며, 천하의 정의를 높히 받들어 세계만방과 우호교린하여 인류문화를 창달하고 세계평화를 이룩하여야 될 것이다.

그러므로 대도정치를 함에는 5대요강이 있으니 첫째 민생문제를 시급히 그리고 완전히 해결하는 것이요, 둘째 사회제도를 자유롭고 평등하고 인정이 두텁게 하는 것이요, 셋째 가장 어진 이를 뽑아서 지도자로 삼고 자치정부를 세워 능력을 발휘하고 책임을 완수하는 일이요, 넷째 역사와 전통을 계승하여 국가를 통일하고 민심을 수습하여 국맥의 정통을 확립하여 세계 각국의 공인을 얻는 것이요, 다섯째 천지의 대운을 되돌려 이 세상에 길이 빛나는 태평시대를 여는 일이다. 이것이 곧 경제안정이요, 민주화합이요, 주체 확립이요, 정통계승이요, 시운개척이니 대도정치에 있어서 중요한 다섯 가지 강령이 되는 것이다.

경제는 삶의 바탕이니, 인생의 필수요건인 의식주의 해결이 국가경영의 가장 시급한 문제가 되는 것이다. 사람이 굶주리고 헐벗으면서 떠돌아다니면 인간의 양식을 간직하기 어려운 까닭에 모름지기 정치를 함에는 온 백성으로 하여금 배불리 먹고 따뜻하게 입으며 편안히 살 수 있는 보금자리를 갖도록 하는 것이 가장 급선무가 되는 것이다.

그러므로 왕도정치에서는 먼저 경제개발을 서둘러 산업을 진흥하고 과학기술을 발달시켜 치산치수의 사업과 농어산림의 정책을 힘써 추진하여 풍족한 경제생활을 누리도록 하는 것을 첫째의 일로 하였다.

민주는 인간을 가장 존중하는 원리이니, 사람과 사람이 만나서 함께 모여 사는 인간관계는 서로 사랑하고 공경하고 감사하는 믿음으로 굳게 맺어지는 것이다. 국가사회를 구성하는 모든 사람이 다같이 스스로 분발하여 인격을 높이고 사람의 인권을 존중하여 공명한 사회풍토를 조성하고 민의를 빠짐없이 수렴하며 공론을 따르는 기풍을 세워서 자유롭고 평등한 민주원칙을 확립 하여야만 바야흐로 공평사회의 미풍양속이 일어나고 진실이 밝혀지며 능력이 발휘되며 정의가 드날려 인정이 두터우면서도 公理에 현저한 장엄세계가 열리는 것이므로 대도정치에서는 학술을 장려하고 교육을 진흥하여 인지를 개발하고 윤리를 밝혀서 성실 정직 공명한 신의사회를 만드는 것을 둘째의 일로 하였다.

주체는 자체구조의 자율기능을 발휘하는 독립자치의 실존주체이다. 사람은 비록 하늘의 피조물이지만 만물의 영장으로서 우주를 경영하는 주체이다. 그러므로 지방은 주민자치의 영역이요, 국가는 국민자치의 영토이며, 천하는 인민자치의 세계인 까닭에 모든 나라의 국민은 스스로 그 정부를 수립하고 능력 있는 이를 선거하여 자치기구를 만들어서 공화 협동하는 조직 체제를 구비하여 주체를 확립하여야 되는 것이다.

그러므로 대도정치에서는 전체의 통일적 질서를 갖추고 개체의 자율적 조화를 이루는 법제를 완비하여 기강을 세우고 大公至正의 자치주체를 건립하는 것을 셋째의 일로 하였다.

정통은 세대가 교체하고 역사가 변혁함에 그 바른 전통을 계승하여 그 정신을 통일하고 그 사업을 완성하는 것이다.

무릇 천지가 유구하고 만물이 무궁한 것은 천도가 운행하여 한순간도 멈추어 그침이 없는 까닭이요, 인류가 영원하고 사업이 무한한 것은 사람이 낳고 낳아서 만세에 끊어져 마침이 없는 까닭이다. 따

라서 국가도 그 개국정신을 높히 받들고 시대적 사명을 완수 하므로
써 세대를 이어가며 발전하고 시대를 따라서 발달하는 것이다.

그러므로 천하국가의 바른 전통을 승계하는 것은 곧 천지의 대의
요 인도의 대륜이니 가정에 종통이 있고, 나라에 대통이 있고, 천하
에 도통이 있어야만 인류사회가 모두 세대를 이어가며 억만년에 걸
쳐 영원무궁하게 발전하는 까닭에 대도정치는 반드시 국호를 정하고
년호를 세우며 묘호를 갖추어 국가정통의 확립을 넷째의 일로 하였다.

시운은 천시의 대운이니 천지인물이 모두 때를 따라서 흥망성쇠
하는데 治世의 대운을 열면 모두 번성하고 말세의 액운을 만나면 조
락하는 것이다.

나라의 지도자는 선지선각의 슬기로 천시를 살피고 대세를 파악하여
흉액을 예방하고 시운을 크게 개척하여 태평시대를 활짝 열어야 된다.

大同至治를 이상으로 하는 대도정치는 궁극적으로 천도의 대운을
열지 아니 하고는 천리지선의 길을 말미암아 인생의 극락을 보장 할
수 없는 까닭에 스스로 정신을 통일하고 심리를 중화하는 극치에 이
르러 마침내 천지의 정신을 드날리고 우주의 화기를 새롭게 하여 바
야흐로 하늘땅이 제자리에 서고 만물이 저절로 생육하는 천지의 대
운을 열어 합일동체의 至治를 이룩하는 것이다.

대저 민생경제를 개발하고 민주사회를 이룩하는 것은 국가의 大業
이요, 주체정부를 수립하고 정통국가를 건립하는 것은 정치의 대도
이니, 대운을 통태하게 열어 시대를 구원하는 것은 성스러운 지도자
의 큰 덕이다. 그러므로 대업을 완성하면 민심을 얻는 것이요, 대도
를 확립하면 천명을 받는 것이니, 지극한 誠明으로 지치를 이룩하면
신성한 국가가 되는바 대도정치에 남은 일이 없는 것이다.

대도와 대업은 본말종시의 관계에 있으므로 서로 나누어 떼어 놀
수 없는 것이나 마지못하여 말한다면 비록 정치의 대도가 이에 어그
러졌다고 할지라도 국가의 대업이나마 성공하면 패업을 성취하여 부

국강병의 대국이라도 될 수 있지만 만일 대도가 어그러진데다가 대업까지 그르치면 마침내 천명과 민심을 함께 잃어 반드시 혁명이 일어나게 되는 것이다.

도덕은 나라를 유지하는 기강이요 사업은 국민이 살아가는 활력이니, 아무리 형벌이 엄하여도 민중이 생업을 잃어버리면 살길이 없는 것이요, 비록 나라의 운명이 시들어 멸망한다고 하여도 민중의 활력이 살아 있다면 도덕을 다시 부흥하여 새 나라를 재건할 길이 있는 것이다.

그러므로 대도정치는 인민의 의식이 풍족한 경제적 토대 위에서 시작하는 것이니, 무엇보다도 먼저 민생 민주의 숭고한 사업을 부지런히 힘써 추진하여 그 성공을 기필하는 것이다.

대도정치의 대의가 이와 같은 즉 위정자는 모름지기 행정을 함에 근면근신 하여 천하의 지혜를 모으고 나라의 힘을 합쳐 국가사업의 성공을 기필하여 추호도 실패나 착오가 없도록 하고, 민생안정과 민주화합의 토대 위에서 정치의 도덕을 밝히고 지치를 이룩할 것이요, 부질없이 어리석고 게으른 몸으로 사업의 시행착오를 거듭하며 인력을 소모하고 재화를 낭비하여 마침내 민생을 도탄에 몰아넣고 암흑사회를 만들면서 한갓 합법절차만을 강변 한다면 이것은 역천란륜의 궤변에 지나지 못한 것이니 마침내 天討를 면치 못할 것이다.

제2절 민생경제

　나라의 경제정책은 사람으로 하여금 한 때 근로하여 평생 풍족할수 있는 능률적인 생산방법을 강구하여 온 세상이 신바람이 나서 부지런히 일하는 터전을 마련하여야 된다.

　인간의 재능을 힘써 계발 하고 천부의 자원을 모두 이용하여 재화를 생산함에 과학기술을 정밀하게 연구하고 사람마다 각각 자기의 적성에 맞는 일을 전공하게 하여 능통한 솜씨로 분업합력하여 다같이 재미나게 일하는 가운데 아주 합리적이고 능률적으로 재화를 생산하는 길을 개척 하여야 된다.

　경제정책은 인간의 생존에 직결되는 것이므로 일상생활의 기본조건인 의식주의 생계대책과 사회생활의 제반활동에 필수적인 비용을 시급히 해결하는 것이 가장 급선무이다.

　그러므로 사람이 먹을 수 있는 것은 다 먹게 하며, 사람이 입을수 있는 것은 다 입게 하며, 사람이 살 수 있는 곳은 다 살게 하여 사람으로 하여금 천연의 자원을 모두 이용하게 하여서 굶주리거나 헐벗거나 병들지 않도록 할 뿐만 아니라 스스로 튼튼하고 씩씩하게 살아갈 길을 활짝 열어주어야 된다.

　모름지기 쉽고 간단한 경제정책을 세워서 제반 산업을 합리적으로 개발하여 사람이 종사할 수 있는 직업은 모두 인정하고, 사물의 균평한 도수를 제정하여 공명한 소득으로 균등한 생활을 누리게 하고, 나아가 인간의 생존권을 보장하여 노약자나 어린이나 불구자로 하여금 빠짐없이 후생복지의 혜택을 받도록 하여야 된다.

사농공상의 직업은 재능과 적성에 따라서 자유롭게 선택하되 각각 전공분야의 발전을 통하여 전체산업의 발달을 꾀하고, 일감을 나누어 한 가지 솜씨를 숙달하는 분업을 통하여 협동노력 하는 유기적인 조직체를 만들어 쉽고 간단한 가운데 능률을 발휘하는 길을 찾아야 한다.

품질이 우수한 재화를 대량으로 생산함에 가급적 작은 인력과 적은 자본으로 큰 이득을 얻도록 하여야 되는 것이니, 인력을 아끼어 사람이 살려고 하는 일에 사람을 해치지 아니 하도록 주선하여야 된다.

세상에서 가장 쉬운 방법으로 농사를 짓고, 세상에서 가장 간단한 방법으로 공사를 하며, 세상에서 가장 편리한 방법으로 장사를 하게 하여 민중으로 하여금 생업에 찌들고 일에 지치게 하여서는 안 된다.

집집마다 사람마다 항구적이고도 안정된 생업이 있어서 즐거운 일터에 나와 분발노력하면 민생일용의 경제수요가 충족되게 하여 부족함이 없게 하여야 되나니, 이에 도량형의 척도를 바르게 통일하고 상품의 가격을 알맞게 조절하여 시장의 교환이나 무역의 거래에 형평이 있도록 할 것이며, 생산이윤의 균등한 분배제도를 두어 빈부귀천이 없이 고루 잘살며 우열성패가 없이 각각 보람을 얻도록 공평 균등한 경제생활의 구조를 만들어서 누구든지 능히 가족을 봉양하고 자손을 교육하며 죽으면 장례를 거행함에 부족함이 없도록 하여야만 비로소 대도정치를 행할 수 있는 것이다.

왕도정치의 경제정책은 民富를 통하여 國富를 꾀하고, 균등한 분배제도를 두어 민생을 안정하는 것을 기본으로 한다. 세율을 낮추어 소득을 높여줌으로써 증산의욕이 나오게 하여 재화의 생산을 증대하여 국민이 부유하여지면 국부는 그 가운데 있는 것이며, 소득의 균등한 분배제도가 민생안정의 바탕이니 곧 생산의 증대와 균등한 분배는 두 가지의 큰 과제인 것이다.

생산을 증대하는 길은 실업자가 없게 하여 작업조건을 향상하고, 소비를 절약하여 자본을 축적하는 것이요, 균등한 분배는 토지와 가

옥의 균등한 분배로부터 임금이나 가격의 형평과 세율의 공정에 이르기 까지 균평한 제도와 가즈런한 풍속으로 절도 있게 조절하는 것이다.

대도정치에 있어서 농업정책은 井田法을 원칙으로 한다. 경지를 정리하여 가옥과 농지를 농민에게 균등하게 분배하여 주고 자경하게 하여 축산을 장려하고 또는 세율을 낮추어 연간 생산액의 1/10을 넘지 않도록 하면 사람마다 영농의욕이 저절로 일어나서 부지런히 경작할 것이다.

식량은 자급자족 하도록 추진하되 가급적 연간 총생산의 1/3은 비축하여 흉년이나 전란에 대비토록 하여야 된다.

국토는 나라의 재산이요 국민의 삶터이니 종합적인 건설계획을 세워서 치산치수에 힘써 산림을 녹화하여 수목이 우거지게 하고 벌채에 일정한 때가 있게 하여 풍부한 임산물을 생산토록 하고, 하천을 수리하고 제방을 축조하여 호수와 해양을 관리 보존하여 수산업을 진흥하면 해산물이 풍부할 뿐만 아니라 수력자원이 잘 보존될 것이다.

천부의 자연자원을 이용하여 후생을 도모하는 것은 과학기술의 발전이 앞서야 된다. 발견과 발명을 권장하고 광공업을 육성하여 국가의 기간산업을 보호할 뿐만 아니라 일터마다 충분한 동력, 편리한 교통, 간단한 공정을 쉽게 갖출 수 있게 하면 정제된 광물이 풍족하고 정교한 공산품이 대량생산 될 것이니 민생일용에 쓰고 남을 것이다.

시장에 물품세를 폐지하여 물가를 안정시키고 점포에 영업세를 알맞게 하여 상품의 유통을 자유롭게 하여 신용거래를 트게 하여 물자를 창고에 비축하여 항상 균평한 가격을 유지하도록 조절하여 奸商 모리배의 농간으로 폭리를 취하지 못하게 하면 명랑한 상도의가 확립되므로써 재화가 시장으로 집중하고 자본을 축적하는 까닭에 투자재원의 부족함이 없을 것이다.

관세를 폐지하고 육해공의 관문을 통행하는데 안전을 보장하면 무역이 활발하고 관광객이 늘어날 것이니, 이에 자원이 확보되고, 사방의 문명이 교류하여 문화가 발달하고 국력이 부강하게 될 것이다.

4시의 농수산물을 모두 거두어 먹고 남으며, 산해의 광물을 모두 캐서 쓰고 남으며, 천하의 재화를 모두 집산하는 상업의 중심지가 되어 갖고 남아서 사방의 관광객이 자유롭게 왕래하며 본받아 가게 하는 것이 대도정치의 경제목표이다.

사람의 일생에 있어서 가장 이상적인 경제생활의 요건은 현실적으로 누구나 5복을 갖추어 6극이 소멸하고 3재 8난이 아주 없는 가정을 이룩하는 것이다.

오복은 첫째 수명 장수하여 오래 살고, 둘째 부유 복택하여 살림이 넉넉하고, 셋째 몸과 마음이 건강하고 안녕하며 정신기운이 맑아 지각이 온전하고, 넷째 善德을 즐겨 베풀어 국가사회에 공헌하고, 다섯째 하늘이 준 사명을 다하여 하고 싶은 일을 다 하는 것이다. 이상의 다섯가지 행복은 모두가 경제력이 그 바탕이 되는 것이니 만일 생계가 곤란하고 재물이 부족하면 빈곤 궁핍하여 5복을 마지하기는 커녕 도리어 6극을 도저히 헤어날 수 없을 것이다.

6극은 첫째 요절하여 일찍 죽고, 둘째 질병으로 고통 받고, 셋째 근심 걱정으로 신경이 쇠약하고, 넷째 가난하여 헐벗고 굶주리며, 다섯째 모질고 사나워서 형벌을 받고, 여섯째 나약하여 다른 것에 의지 하므로써 자유독립정신을 상실한 것이다. 이것도 또한 모두 경제적인 생활여건이 어려워서 못 먹고, 못 배운 까닭에 험한 생활고에 시달리고 거친 세파에 짓눌려서 일그러진 삶의 결과이다.

6극의 불안과 공포와 절망을 제거하고, 5복의 안락과 용기와 희망을 주는 경제목표야 말로 인류사회의 광명이라고 할 것이다.

대체로 사람이 사는 길은 어버이는 낳고, 나라의 지도자는 먹이고, 스승은 가르치는 것이니, 저 작은 부자는 근검절약하는 데서 생기는 것이지만 큰 부는 천하 국가의 경제정책에서 나오는 것이다.

나라의 지도자는 국가를 경영함에 민생문제를 최우선으로 다루어 아무리 어려운 때라고 하여도 기아에 허덕이고 추어서 떨거나 얼어 죽는 이가 없도록 책임을 다 할 것이며, 해마다 살림이 늘어나도록 국민경제 발전시책을 세워서 힘차게 추진하여 추호도 착오가 없이 완벽하게 성공하여 큰 나라는 7년, 작은 나라는 5년이면 능히 국민으로 하여금 함포고복의 태평세월을 구가할 수 있도록 일로매진하여야 될 것이다.

제3절 민주사회

사람의 본성은 착하여 公德을 좋아하므로 집단공동사회를 구성하여 서로 사랑하고 공경하면서 함께 사는 만물의 영장이다.

하늘땅 사이에 오직 사람이 가장 고귀하니, 스스로의 양심을 말미암아 자체정신으로 우주를 경영하고, 인생을 개척한다. 그러므로 가정을 경영하는 주체는 가족이요, 나라를 운영하는 주체는 국민이며, 천하를 관리하는 주체는 인류인 것이니, 인민이 천하국가의 근본이다.

민주사회는 인민이 국가사회의 주체가 되어 자율적으로 경영하는 공동집단이다. 따라서 민주주의는 인간의 최대 존엄성 위에 인권을 완전히 보장하여 자유롭고 평등한 공명사회의 건설을 그 이념으로 하는 것이니 사람마다 각각 스스로 힘써야 될 의무와 책임이 있는 것이다.

사람을 근본으로 삼는 민주주의의 원리원칙은 사랑과 공경, 자유와 평등, 권리와 의무이다. 사랑으로 대동조화하는 가운데 공경으로 통일질서를 갖추어 인생의 자유를 보장하고 사회의 평등을 확립하여 자아의 권리를 찾고 공민의 의무를 다하는 길이다.

일체동인하는 인류애는 인간의 숭고한 정신으로써 안팎을 아우르고, 나와 남을 다같이 살려서 공생동영하는 길이요, 숭고한 마음으로 사람을 지극히 공경하여 높히는 아름다운 예절은 천지의 자연절도이며 인간의 모범준칙으로써 사람의 관계를 신의로 맺고 분수로 갈라서 현상 질서를 유지하고, 인간의 존엄성을 간직하는 것이다.

사랑과 공경으로 대동통일하여 조화와 질서가 있는 가운데 인생의 자유가 보장 되는것이니, 자유로운 사고, 자유로운 언론, 자유로운 행동을 바탕으로 하여야만 창의정신과 자율의식이 약동하는 것이다.

자유자재한 정신으로 분발노력 하여 활달하게 약동 하는 기풍은 위대한 인도문명을 이룩하여 고도의 문화를 창조하고 日新輝光 하는 인류역사의 건설에 원동력이 된다.

사람마다 각각 자기의 적성에 맞는 일감을 골라서 그 재능을 모두 바치게 하되 아무도 남의 길을 막거나 해침이 없도록 하여 스스로 있는 힘을 다하게 하는 것이니, 이것이 바로 제자리를 얻어서 스스로 삶의 보람을 찾는 길이다.

인생의 자유롭고 평등한 사회구조는 직업의 종류나 사무의 분류에 따라서 기능의 분별과 역할의 차이는 인정하면서도 사업의 대소에 따른 실적이나 능력의 다소에 따른 우열은 용인하지 아니 하는 것이다. 즉 成敗利鈍에 가치기준을 두지 않고 시비선악의 판단기준이 오로지 順逆公私에 있을 따름인 것이다.

남녀노소나 현우강약을 가릴 것 없이 모두 한결같이 현재의 위치에서 자기도리를 다할 뿐이요, 그 밖의 것을 요구하지 아니 하는 사회구조이다. 오로지 인도의 성실이 있을 따름이니 성분이나 직분에 따른 차별이 없어야만 완전히 평등한 구조의 민주사회라고 할 수 있을 것이다.

인간의 숭고한 권리는 하늘로부터 받은 고유한 것으로 절대지상의 권리이다. 아무도 빼앗거나 해칠 수 없는 것이다. 이것은 사람이 사람답게 사는 기본권으로부터 나라의 주권에 이르기 까지 다양하지만 가장 보편적인 것은 인도주의를 바탕으로 하는 인간정신을 찾는 것이다.

사람의 정신을 가지고 사람이 사는 길은 정결하게 먹고, 따뜻하게 입고, 편안히 살 곳이 있어야 할 것이며, 교육을 받고, 자라서는 혼인을 하여 가정을 꾸미며, 조상을 받들고 자녀를 길러 스스로 보람을 찾아야 할 것이다. 이것은 인간본연의 원상이요, 본능적인 욕구이다.

하늘이 다같이 평등하게 준 사람의 권리를 떳떳하게 주장하여 남에게 양여하거나 빼았기고 비굴하게 종속 되는 일이 없어야 된다. 한 번 자기의 권리를 포기 하고 굴종하면 비인간적인 사회구조로 전락하고 말게 된다. 그러므로 인간의 평등권이야 말로 민주제도를 유지하는 중추기틀인 것이다.

인류의 공동사회는 인간집단의 조직체인 까닭에 그 의무와 책임도 각각 나누어 분담하지 아니 할 수 없는 것이다. 집단공동체의 구성원은 권리에 부응하는 의무를 이행하여야 되고 자유에 수반하는 책임을 완수하여야 되나니, 나의 권리를 주장하고자 하면 남의 권리도 존중하여야 하고, 나의 자유가 소중하면 남의 자유도 침해하지 말아야 된다.

국법질서를 존중하고 미풍양속에 동화하여 사회의 각조직에 적극 동참하는 가운데 전체적으로 총화단결하면서 각각 형편에 따라 있는 힘을 다하여 주어진 의무를 완수하고 맡은 바 책임을 이행하므로서 자율체계가 확립되고, 능동적인 역할이 발로 되는 것이다.

집단공동사회는 전체의 목적을 수행함에 차질이 생기지 않도록 각자가 스스로 노력하여야 된다.

의무는 저버리고 권리만 주장 하거나, 책임은 망각하고 자유만 요구한다면 온전히 성공 할 수 없는 것이며, 또한 마지못해 눈가림으로 의무를 이행하는 척 하거나 책임을 회피하는데 급급한다면 참으로 건전한 사회조직을 건설 할 수 없는 것이다.

민주사회는 사랑과 공경을 바탕으로 하여 인정미가 넘치고, 자유와 평등을 바탕으로 하여 공명정대한 중용의 도가 확립되며, 권리와 의무를 바탕으로 하여 완전하고 능률적인 사업의 성공을 기약 하는 것이니, 참으로 대공지정의 민주대의는 모든 민중이 스스로 떨치고 일어나서 大我의 公德을 자각하고, 서로 힘을 합하여 가장 어진 사람을 중심으로 단결할때 이룩되는 것이다.

무릇 사람이 사는 데는 다섯 가지 기본적인 관계가 있다. 이 다섯 가지 인간관계가 올바로 맺어질 때에 대동 통일하는 민주사회를 이룩할수 있는 것이니, 바로 5대인륜이다. 5륜의 도덕을 온전히 밝힐 때에 비로소 인정의 선덕과 의리의 公道를 아울러 온전히 하는 민주대로가 활짝 열리어 믿음의 사회가 성취 될 수 있다.

5륜은 애당초 부자, 민관, 부부, 장유, 붕우의 다섯 가지 인간기본 관계에서 조화와 질서를 찾는 길이니, 이것이 바로 민주화합의 근본 토대가 된다. 인정과 의리로 맺어진 도덕적 기초가 없는 인간관계는 조건부 계약관계에 지나지 못한 것이므로 참다운 의미의 민주주의를 실현 할 수 없는 것이다.

인심의 깊은 정리로 이어지고 천도의 밝은 공리로 맺어진 믿음의 바탕 위에서만 진실하고 완전하고 영광스러운 인간관계가 성립되는 것이요, 또한 민주사회의 완벽한 목표를 달성할 수 있는 것이다.

5상의 도덕은 인류사회에 영원히 빛나는 불멸의 진리이다. 이것이 밝혀지면 명랑하고 건전한 기풍이 일어나고 이것이 무너지면 난잡하고 퇴폐적인 습속이 유행하여 마침내 질서를 파괴하고 조화를 깨뜨리게 되는 까닭에 민주사회의 장구한 발전을 위하여 5륜의 도덕은 필수적인 인간도의이다.

어버이와 자녀가 친하고, 국민과 공무원이 정의로우며, 남편과 아내가 분별이 있으며, 어른과 어린이가 차례가 있으며, 벗사이에 믿음을 두는 것이 사람의 사람다운 올바른 관계인즉 이 기초적인 인간관계가 확고하게 정립 되지 아니 하면 민주사회의 제반 이상은 한갓 허구에 지나지 못하게 될 따름이다.

父子有親은 뿌리와 가지가 서로 이어져서 혈맥이 하나로 관통 하여 떨어질 수 없는 혈연관계의 정립으로서 은혜와 의리를 온전히 하여 어버이는 어린 자녀를 부지런히 양육하고, 아들딸은 늙은 부모를 받들어 편안히 봉양 하는 것이다.

　나무가 뿌리를 버리면 자라지 못하고, 물이 원천을 벗어나면 흐르지 못하나니, 바야흐로 근본과 지엽은 항상 혈맥이 상통하고 애정이 교류하여 그 얼넋이 하나로 뭉쳐질 때 참으로 따뜻한 위안을 받고 두터운 믿음이 생겨서 인생의 번영을 누릴 수 있는 것이다.

　이것은 부모가 자녀를 생육하는 무궁한 자애심과, 자식이 어버이를 받드는 지극한 효성이 한데 어울려서 부자일신, 조손일체가 되는 것이니, 이해를 초월한 사랑이요, 유무를 가리지 아니 하는 의리이다.

　이러한 어버이의 마음과 자손의 정신이 있으므로서 사람을 가까이 사랑하고, 공경하는 인도가 확립 되는 것이니, 저 부자의 친밀함이 지극하여 조금도 틈이 없이 영원토록 불변 하는데 이르러야 비로소 인간의 관계가 완전하여 착하고 아름다운 사회가 이룩될 수 있는 것이다.

　民官有義는 주권을 가지고 있는 국민과 국가공무에 종사하는 관리의 사이에 정의가 있음이니, 정의란 원리원측에 따라서 至公無私 함이다. 국민은 나라의 주인으로서 권리를 행사하고 의무를 완수함에 질서를 지키고 선공후사하여 국체를 보존하여야 되고, 공무원은 나라의 일꾼으로서 국법을 지키며 책임을 완수 하되 順天應人 하고 멸사봉공 하여 정체를 유지 하여야 되는 것이다.

　현량한 국민이 있어 본분을 지키고, 청렴한 공무원을 두어 사명을 다할때에 사회정의가 구현되어 나라의 기강이 세워져서 참된 민주공명사회가 이룩되는 것이다.

　국민이 공익을 앞세워 선공후사 하여 국가건설에 앞장서서 자진하여 의무를 다하고, 공무원이 公利를 위하여 가장 합리적으로 있는 힘을 다하고 지공무사의 정신을 발휘하면 온 나라에 서로 믿고 돕는 바람이 일어나서 지도자는 오로지 민의를 받들어 공론을 따르고, 국민은 정부를 신뢰하여 즐겁게 협조하여 저절로 총화 단결하는 것이다.

　이것이 곧 능동적이고 자율적인 민주공화국을 건설하는 토대가 되는 것이니, 만일 나라에 정의가 없어, 사욕이 공덕을 이기고, 힘이 법보다 앞서면 하루아침에 나라의 기강이 무너지고 풍속이 패퇴하여, 인심이 사나우며 노래가 음란하며 뇌물이 성행하여 公路가 막히고 私路가 열리게 되나니 이에 법도를 찾을 길이 없는 까닭에 도저히 민주제도를 확립 할 수 없는 것이다. 그러므로 민관유의는 민주사회의 초석이라고 할 것이다.

부부유별은 남편과 아내가 분별이 있는 것이니, 분별은 내외가 서로 합심협력하여 일감을 덜어주고, 일을 교대하는 것이다.

성인이 된 남여는 이성의 배필을 찾아 순결한 정신으로 결혼을 하여 새로운 가정을 꾸밈에 남편과 아내는 각각 내외의 일을 나누어 맡아서 서로 돕고 틈틈히 일을 교대하여 지치거나 병들지 않도록 보살펴 씩씩하게 살아야만 화락하고 안정된 가정생활을 영위 할 수 있다.

멀리 떨어진 남남끼리 만나 함께 삶에 지극히 사랑하고 공경하여 육신을 버무리고 정신을 통일하는 것으로 곧 일심동체로 결합하는 부부생활은 나아가 본가와 처가와 외가를 혈연공동체로 묶어서 마침내 사해인류가 동포형제의 친척이 될 수 있는 길을 열어 개방사회의 기초가 되고, 민주공동사회의 바탕이 되는 것이다.

부부의 도는 직접 즉시 감동하여 항구불변 하는 것이니, 순수한 정신과 정결한 몸으로 맺어지면 9族이 화목하여 사해동포가 대동 화합하는 길이 열릴 것이요, 만일 부부가 불순하고 부정하게 만나서 서로 의혹하여 불화하면 친척이 발길을 끊고, 지우가 외면하여 고단하게 되고 만다. 마침내 부부가 갈라서서 친척이 소원하게 되고 지우가 절교하게 되면 어떻게 다같이 함께 더불어 사는 민주사회를 이룩하겠는가!

결혼에 異姓을 선택하는 예법은 멀리 다른 씨족과 교류하는 문호를 활짝 열어서 공개사회를 만들고자 함이다. 혹시 종파나 교과 또는 당파끼리만 결혼을 하여 혼인의 문을 폐쇄하면 오래지 않아 배타적인 밀폐집단이 형성 되어 족벌이 생기고 계층이 나누어져서 폐쇄사회가 되는 까닭에 결국 민주화합의 길이 완전히 막히고 마는 것이다.

그러므로 부부생활이 분별이 있어 내외가 화락하고 선후가 정제하여 살림살이에 어여쁜 맵씨를 내는 것이 민주사회의 발전에 원동력이 되는 것이다.

長幼有序는 어른과 어린이가 서로 더불어 삶에 차례가 있는 것이니, 어른은 어린이를 사랑하여 보호 하고, 어린이는 어른을 존경하여 받드는 가운데 차례와 절도를 지키어 세대간의 계층이나 장벽을 허물어 靑壯老가 함께 더불어 살고 노소가 동락하는 길이다.

민주사회의 대동정신은 모든 사람이 빠짐없이 동참하는데 있으니, 젊은이의 신진예기와 늙은이의 원숙한 식견을 모두 존중한다. 아무리 유치한 어린이라도 절대로 외면하지 않으며, 아무리 힘없는 늙은이라도 질대로 배척하지 아니하여 어른과 어린이가 함께 더불어 같이 살아야만 세대간의 갈등을 해소 할 수 있다.

어린이의 인권을 인정 하고, 노인의 인격을 존중하는 것이 본말종시를 가즈런히 하는 장유유서인즉 남의 집안 어른을 나의 어른처럼 공경하여 대우하고, 남의 집안 어린이를 나의 어린이처럼 사랑하여 보존 할 때 아주 안락하고 평화로운 명랑사회가 이룩될 것이다.

朋友有信은 벗을 사귐에 믿음이 있는 것이니, 인생행로에 뜻이 맞고 길이 같은 벗을 사귀어 믿음을 두는 것이다. 사람이 벗이 없으면 적게는 외롭고 쓸쓸하여 고루과문하게 되는 까닭에 인격향상을 꾀하지 못하고, 크게는 힘을 모아 큰 사업을 성취하기 어려운 것이다.

사람이 벗을 사귀는 길은 매우 다단하여 나이가 비슷하면 벗하고, 처지가 가까우면 벗하고, 뜻이 같으면 벗하고, 학문이 어울리면 벗하여 대개 나이를 초월하기도 하고, 권세를 초월하기도 하며, 신분을 초월하기도 하나니, 사방 천하에 널리 노소, 원근, 빈부, 귀천 없이 두루두루 사교하는 길을 열어서 믿고 살게 하였다.

붕우의 도는 잘되라고 꾸짖고, 인격을 북돋아 옳은 사람이 되는 것이므로 곧 상부상조하여 서로 구원하고, 우호 교류하여 신의를 지키는 것이다. 그러므로 사교의 바른 길인 붕우유신은 사람이 서로 믿고 함께 사는 인류공영의 문호를 열어 민주사회를 건설하는 바탕이 되는 것이다.

민주사회의 인간관계는 본질적으로 이같이 천도와 인성을 바탕으로 하여 다섯 가지 구조의 친화력을 갖추어야만 원만하고 완전할 수 있다. 천도의 대공을 밝히고 인성의 지선을 찾아서 사람마다 자기의 주체를 확립 하고 도리를 다하여 본말, 상하, 내외, 전후, 좌우의 인간관계가 두루 균제방정 하므로서 인정미가 넘치고 의리가 두터운 아름다운 민주사회를 성취할 수 있는 것이다.

모름지기 5륜의 강상이 뚜렷히 밝혀지면 사람이 대아의 공리를 깨닫고 예의염치를 알아 공중도덕을 지키며 관혼상제를 엄숙히 받들어 풍속이 순화 하므로서 사회정의가 일어나고 민주체제가 갖추어져서 한사람도 소외 되거나 배척당하지 않게 될 것이다.

인간성정의 자연발로적인 친화력에 의한 5륜의 인간관계를 근본으로 하지 아니 하고 단순히 물리적인 힘으로 조직을 강화하고, 단결을 호소하여, 일률적으로 군집화 하는 것은 이미 민주사회가 아니고 타율에 의한 피동의 종속사회에 지나지 못한 것이다.

제4절 주체정부

국가는 국민이 자체적으로 통치기구를 만들어서 독립주체의 자치정부를 조직함에 어진이를 선거하고, 능력이 있는 사람을 고시하여 직책을 맡겨서 국가의 자립주권체제를 확립하여야만 비로소 국사를 바르게 집행하고 국무를 온전히 수행할 수 있다.

무릇 주체 확립은 자치력량에 달려 있는 것이다. 정부최고지도자가 솔선수범하는 통솔능력이 있고, 행정책임자가 청렴결백하게 법령을 준수하면 행정의 치적이 성공을 걷우는 것이니 자치력량이 있는 것이요, 무능한 정부의 용렬한 지도자는 정사를 그르치고 법도를 어지럽혀 민심이 이반하는 것이니 곧 자치력을 상실한 것이다.

대체로 역사상 많은 정치지도자가 처음에는 어질고 착하여 한때의 민심을 얻어서 나라의 최고 지도자가 되었고, 또한 유능한 정부를 이끌어 훌륭한 치적을 올려서 자치국가의 주체를 확립하였다가도 나중에는 교만 방자하여 공의를 외면하고 법도를 어기면서 경거망동하거나 안일한 폐습에 젖어 국사를 그르치나니 이에 민심을 잃어버리게 되므로서 마침내 자치력을 상실하고 武力이나 외세에 의존하여 잔명을 버티다가 허무하게 몰락하였다.

정부가 자치력량을 발휘하면 독립국가의 주체가 확립되고, 자치력량을 상실하면 자립정부의 주체도 따라서 소멸되는 것이다.

국민의 자치역량을 갖추는 것은 당대에 가장 어진 사람을 나라의 최고 지도자로 선출하는 것이요, 정부의 통치역량을 갖추는 것은 천하의 가장 밝은 사람을 행정의 책임자로 쓰는 것이다. 사람은 누구나 가장 훌륭한 사람이 나와서 다스리면 따르고, 가르치면 배우고, 부리면 하는 것이니, 이렇게 된 다음에야 민심이 안정하고 윤리가 밝혀지고 국력이 증진하여 자치역량을 온전히 발휘할 수 있는 것이다.

그러므로 나라의 최고 지도자는 정치의 주체기능과 교육의 사표역할을 아울러 수행 할 수 있는 뛰어난 인격자이어야 되는 것이니, 모름지기 지덕을 겸비하여 中正公明한 인물이 되어야 한다.

정부의 지도자가 행정의 능력을 발휘하여 국가사업을 추진하는 길은 여러 가지의 방법이 있지만 독재 권력으로 강압하는 것 보다는 지략술수로 유도하는 것이 낫고, 지략술수로 유도하는 것보다는 정령형법으로 통치하는 것이 좋고, 정령형법으로 통치하는 것보다는 예의도덕으로 인도하는 것이 좋으니 力治나 術治는 패권통치요, 法治나 德治는 왕도정치이다.

패권통치나 왕도정치는 다같이 행정의 능력을 발휘하여 국가목표를 달성하는 데는 동일한 결과를 얻을 수 있겠지만 자치정부의 주체를 확립하는 본질적 성격은 아주 다른 것이다.

국민이 심복하는 왕도정치는 민권을 최대로 존중하는 자치정부인 까닭에 자치정부의 주체성이 있으나, 인민이 힘이 없어서 어쩔 수 없이 力服을 당한 패권통치는 강제로 민권을 탄압한 독재정권이니 이에 국민의 자치역량을 상실하였으므로 정권의 자립주체성이 없는 것이다.

이와는 달리 정권의 주체성을 가름하는 또 하나의 분류방법이 있으니, 즉 공론의 소재와 政令의 출처로 나누는 것이다. 公論과 권력이 국민으로부터 나오면 上國이요, 정부로부터 나오면 中國이요, 최고통치자로 부터 나오면 下國인데 모두 공론에 의한 정치로 정부의 주체를 확립한 것이다. 그러나 이와는 반대로 나라에 공론이 사라지고 민권도 관권도 없이 국가의 절대통치권을 오로지 최고 지도자의 주변에 있는 참모비서나 부인여자나 형제친척이나, 정상모리배등의 일부 실력자가 거머쥐고 자의로 정령을 출납하고 형벌을 주관하면서 뒤로 외세와 은밀히 결탁 하면 이것은 昏政으로 정권의 주체를 완전히 상실하여 도저히 존립할 수 없는 것이다. 따라서 그 失政이 적으면 反正의 대상이요, 그 포학이 심하면 혁명의 대상이 되는 것이다.

무릇 행정의 능력을 가장 솜씨 있게 발휘하여 국가사업을 가장 완전하게 성공하고 자치정부의 주체를 확고하게 세우는 길은 동방 5000년의 이상정치헌장인 홍범을 바르게 실현하는 것이다.

홍범9주는 정치의 대원칙을 아홉 가지로 분류하여 정강요목을 밝히고 시정방법을 제시한 것으로 열거하면 다음과 같다.

첫째 五行이니, 천부의 자원을 과학적으로 연구하여 이용할 것.

둘째 五事니, 인간을 교육하여 지능을 계발할 것.

셋째 八政이니, 정치와 행정과 사법의 각 기관을 균형 있게 분립하고, 내각에 각 부서를 두어 사무와 책임을 분담할 것.

넷째 五紀니, 천도의 운행변화에 따라 지세의 형태변화를 측정하고 천체의 도수와 기후의 절기를 밝혀서 세월일시를 정하여 曆을 반포할 것.

다섯째 皇極이니, 나라의 최고 지도자가 위대한 영도력을 갖추어서 大中至正의 주체를 확립할 것.

여섯째 三德이니, 행정을 함에 현실을 명확히 관찰하여 정직한 방법으로 剛柔를 배합조절하고 능률적으로 정책을 펼 것.

일곱째 稽疑니, 널리 민정을 살피고 요로에 문의하여도 사람의 지혜로는 도저히 그 선부를 판단 할 수 없는 것은 천지신명의 계시를 얻을 것.

여덟째 庶徵이니 정치의 선악과 행정의 득실은 여러 가지 형태로 징후가 나타나는 것이다. 그 반응이나 결과를 관찰하여 다음 정책에 반영하되 자연의 현상에 까지 스스로 책임을 질것.

아홉째 五福이니, 이상사회를 건설하여 민생고를 완전히 해결하고, 사람마다 인간의 행복을 누리게 할 것.

이상의 아홉 가지는 왕도정치의 대경대법으로 자치정부의 주체를 확립하는 지상의 전범인즉 이것을 표준으로 하여 행정하면 지치를 서서 볼수 있을 것이다.

천하의 만사는 순리로 하면 쉽게 성공하고 역리로 하면 실패하여 멸망하는 것이다. 자연법칙을 관찰하고 만물의 성질을 실험하여 과학적인 연구와 합리적인 경영으로 풍부한 물질을 개발하여 이용하는 것이 문명을 발달시켜 후생복지를 증진하는 길이므로 위정자는 먼저 자연의 무진장한 자원을 힘써 개발하여 풍부한 재화를 생산 하므로써 부강한 경제사회를 건설 하여야 한다.

물질자원이 유족하여 건강한 육체에 건전한 정신이 깃들면 학문을 교육하여 훌륭한 인격을 함양하도록 하여야 한다. 인지의 개발이 곧 인성을 자각하여 자치의식을 가지고 국력을 증강하는 근원이 되는 것이다.

아무리 물질경제가 풍족하고 민주사회의 체제를 갖춘다고 하여도 민도가 저열하면 자치정부를 수립하여 독립주체를 수호하지 못하는 까닭에 총명한 식견과 명석한 이성을 갖춘 인재를 양성하여 인민을 교양하는 것이 문화국가를 건설하는 대도이다.

나라는 크고 인민은 많으니 혼자서 나라의 일을 다 할 수는 없고 또한 사람의 재능은 각각 다르며, 일거리는 여러 가지로 지방은 넓고 세월은 빨라 절박한 상황이 도처에 널려있어 시각을 다툰다.

그러므로 반드시 사무를 분류하여 전문적으로 처리하는 것이 완벽을 기하고 능률을 올리는 방법이다. 정치를 의논함에는 대의기관이 있어서 여론을 모아 공론을 찾아야 되고, 행정을 함에도 각부장관을 두어서 내각을 구성하여 중지를 모아서 성공을 거두어야 되는 것이다.

특히 국민의 정치생활에 대한 편익과 국가의 사업수행에 대한 합리적인 방책으로 국가권력을 분립하여 입법부, 행정부, 사법부를 균형 있게 배치하고, 행정부의 기구는 경제, 교육, 국방, 외교 등의 책임을 고

루 나누어 맡아 일함에 질서와 조화가 있고 능률과 공평을 기하여야
된다.

그러나 아무리 좋은 국가기구가 설치되고, 좋은 정책이 수립 되어
정부가 이를 추진하려고 하여도, 그 일에 종사하는 사람이 능력을 충
분히 발휘하지 못하게 되면 소기의 목적을 달성할 수 없는 것이다.

정치를 수행 하거나, 행정을 경영하거나 사업을 운영하는 것이 모
두 사람인데, 사람은 절후에 따라 체력이 변화하고, 일기에 따라 정
신력이 바뀌니, 봄가을에는 체력이 강건하고 여름 겨울에는 감소하
며, 아침 낮에는 정신력이 왕성하고 저녁 밤에는 쇠퇴하여, 봄가을로
는 일을 많이 하여도 지칠 줄을 모르지만 여름 겨울로는 조금만 힘
들어도 지치게 되고, 아침 낮에는 정신이 맑아 또렷하고, 저녁 밤에
는 흐려서 실수가 많은 것이다.

그러므로 나라에서 지역의 실정에 맞는 정확한 曆을 제정하여 한
서주야의 도수를 바로 셈하여 일하고 휴식하는 시간 날 달 해를 분
명히 하므로써 모든 사람으로 하여금 그 능력을 십분 발휘 하면서도
전혀 지치지 않게 하고, 또한 남녀와 노소를 가리어 취업함에 과다
한 업무량에 시달리거나 감당하지 못하는 작업에 근심하는 사람이
없게 하고, 끝으로 퇴직하는 정년을 두어서 인력을 지나치게 소모하
거나 인물을 훼손하는 일이 추호라도 없게 하여야 되는 것이다.

대저 자원이 풍부하고 인지가 발달하여 법제가 완비된 자치정부를
갖추어 힘차게 일하는 때를 만들어 주어도, 나라의 최고 지도자가
솔선하여 모범을 보이지 아니 하면 일꾼들이 자연히 맥이 풀리고 재
미가 떨어져서 손발을 놓고 마는 것이다. 국민과 공무원이 다함께
일을 할려는 의욕이 없어지면 하루아침에 기강이 문란하여져서 대소
의 국가기관이 모두 빈 그릇이 되고 마는 것이다.

그러므로 영명한 지도자는 스스로 계신 공구하여 자기명덕을 밝혀
서 신성한 직무를 성실공명하게 수행하니 정치인의 헌장이 되고, 교

육자의 사표가 되어서 위로 하늘과 짝하고, 아래로 억조만 백성의 희망이 되어서, 백세에 길이 광명을 남기는 것이다.

　지덕의 성신은 가만히 앉아서 사람을 신바람이 나게 하여 스스로 떨치고 일어나게 하며, 지명의 현철은 몸소 솔선수범하면서 사람을 깨우쳐 분발하게 하며, 정직한 선비는 동분서주하며 가세 호유하여 동참을 호소하나니, 모두 황극을 세우고자 함이요, 이 밖에 완고한 독재자는 아예 황극을 포기한 것인즉 논할 것도 없다.

　지도자가 나라를 경영함에는 거시적인 안목으로 대국의 흐름을 살피고 뚜렷한 목표를 세워서 총력을 경주하여 매진하여야 된다.

　인심은 날로 변하고 시세는 때로 바뀌니, 정책을 시행함에 융통성을 두어야 된다. 시대의 변화에 따라서 창업기, 수성기, 경장기, 혁명기가 저절로 생기는 것이며 처지의 상황에 따라서 常道를 지킬 때와 權道를 쓸 때가 스스로 나누어지는 것이다.

　이에 시세와 정황에 따라서 적절한 조치를 취하여 변화에 대응하는 능수능란한 추진력이 있어야만 시정목표를 온전히 달성할 수 있다.

　정치와 행정은 정직을 바탕으로 강유를 겸비하여 혹 자율로 하고 혹 통제하며, 혹 주기도 하고 혹 빼앗으며, 혹 진취하고 혹 보수하며, 혹 개방하고 혹 폐쇄하여 바야흐로 사람이 사는데 편안하게 하고, 물질과 정신을 가즈런하게 하며, 자유와 평등을 갖추며, 옳고 그름을 공변되게 하여 사업을 추진하거나 도의를 밝히는 데에 모범을 보여야 하나니, 이것이 국가를 성공적으로 경영하는 수완인 것이다.

　국가의 사업은 무한하고 사람의 의리는 무궁하니 대중지정의 극치를 찾아 천리 인사의 완전을 발명하는 것은 인간의 지력으로 미치지 못하는 바가 있으니 만세의 공론을 모우고 지선의 대도를 찾음에 비단 인류의 만선을 종합할 뿐만 아니라 또한 천지귀신의 계시를 더듬어 헤아려 완벽을 기하여야 된다.

　占은 지성으로 천지신명을 감통하여 앞일을 예단하는 것이니, 곧 자기의 정성이 하늘에 통하여 신의 계시를 받고 확신을 얻는 것이므로 스스로 완선을 찾는 길이지 부질없이 요행이나 바라는 것이 아니다. 그러므로 공론이 이미 나타나 자명한 일은 구태여 의혹을 둘 필요가 없는 것이다.

사업을 추진함에는 반드시 예측하지 못한 현상이 일어날 수 있는 것이므로, 반드시 그 결과를 관찰하여 선부를 확인하고 안전을 도모하여야 된다. 가까이 민심의 반응과 멀리 자연의 변화까지 속속들이 살펴서 감응의 도수를 징험하고 좋은 조짐과 나쁜 징후를 즉시 발견하여 개과천선하고, 보수개정 하여야 된다. 의외의 재난이 어찌 까닭이 없으리요. 자연현상을 거울삼아 자기반성을 할 일이다.

사람의 능력은 한도가 있는데 사람의 욕망은 끝이 없는 것이라. 자신의 노력만으로는 자기의 욕구를 모두 채우기가 어려운 것이다. 그러므로 반드시 하늘의 도움을 얻어 분외의 복록을 받아야만 흡족해 하는 것이다.

그러므로 정치의 궁극적 목표는 사람으로 하여금 다같이 天福을 받고 천수를 누리게 하는데 있다. 후생복지의 제도를 완비하여 누구나 이 세상에 나서 이 나라에 사는 사람이면 모두 다 같이 오래살고, 넉넉하며, 건강하고, 편안하며, 착한 사람이 되어 소원성취 하도록 하여서 한 사람이라도 흉하게 요절하거나, 질병에 시달리거나, 근심에 싸여 초췌하거나, 가난에 찌들리거나, 악한 생각을 갖거나, 나약한 사람이 없게 하여야 되는 것이다.

이것이 자치의 주체역량을 완전히 발휘하여 인류의 최고이상향을 건설하는 것이었다.

국민이 양식을 가지고 자치정부를 세워서 독립주체를 확립함에 그 능력을 충분히 고르게 발휘할 수 있는 홍범의 대헌장을 기준으로 하여 분발노력 할 때에 인류의 정치사는 날로 발전하여 절대지선의 완전정치가 실현될 것이다.

제5절 정통국가

국가는 토지와 인민과 법제를 완비하여 국호와, 연호가 있으며, 왕호를 가지면 정통을 확립한 국가가 된다.

국토는 국가가 영유하는 영토, 영해, 영공으로 이 영역 내가 곧 나라의 통치관할 구역이니 이에 대한 國名을 제정하여 내외에 그 국 경선을 선포하여야 된다.

국민은 국가의 영토 내에 거주하는 사람으로 나라를 세우는 주체인 즉 스스로 주권을 행사하는 권리와 나라에 충성하는 의무를 가진다.

국법은 국가의 주권을 확립하는 법률제도로서 정부를 조직하고 정 치의 大統을 이어 국가를 운영하는 자치권이다.

이 세 가지 기본요소가 갖추어져야만 정통국가의 체제를 확립하여 완전한 국가가 되는 것이요. 만일 이 가운데 한 가지라도 빠져서 국 호가 없거나 연호가 없거나 왕호가 없으면 도저히 정통국가가 될 수 없는 것이다.

그러므로 나라의 정통을 계승함에는 모름지기 이 세 가지를 온전 히 이어받아서 유지보전 하여야 되는 것이니, 국토를 수호하는 사명 은 정치의 최고 지도자로서 국군통수권을 가지고 있는 대통령에게 있고, 국민을 보호하는 책임은 행정의 최고 책임자인 내각수반에게 있으며, 국법을 수호할 책무는 공무원과 전문지식인에게 있는 것이다.

무릇 대통령은 죽음으로써 국토를 수호하여야 되나니, 만일 국토 를 잃으면 대통령이 아니며, 내각의 수반과 국무위원은 죽음으로써 국민을 보호하여야 되나니, 만일 민심을 잃으면 국무의원이 아니다.

또한 공무원과 지식인 전문가등은 죽음으로써 국법을 준수하여 호위하여야 되나니 만일 국법을 수호하지 못하면 공무원이나 전문지식인이 아니다.

따라서 국민은 국법질서가 문란하면 내각을 바꾸어 경장하고, 인민의 생명이 위태로우면 정권을 바꾸어 反正하며, 영토를 수호할 능력이 없으면 나라를 바꾸어 혁명하는 것이다. 그러므로 무고한 백성을 죽이면 선비는 물러가고, 무죄한 공직자나 지식인 또는 전문가를 죽이면 어진이가 숨으며, 죄가 없이 장관을 죽이면 민중은 離叛 하나니 마침내 국가의 정통성을 파괴하고 마는 것이다.

국가의 정통을 유지계승하는 이상 세 가지 요건으로 국토와 국민과 주권은 가장 기본적인 요소가 되고, 또 다른 조건으로 三統이 있으니, 즉 개국이념을 계승한 道統과 통치권을 계승한 大統과 전통문화를 계승한 法統이다.

도통은 나라와 시대를 초월하여 국가의 이념이 같고, 정치의 원리가 같으며 정강정책이 같은 것이니, 그 학문도덕과 心法정신이 완전히 일치하여 어그러짐이 없는 것이다. 그러므로 왕도정치의 도통은 혹 천년 뒤에 이어서 행하기도 하며, 혹 만 리 밖에서 이어 받들기도 하여 국정과 세대와 종족을 초월하여 그 도통이 전수 되는 것이다.

대통은 나라의 최고 지도자가 합법적으로 정권을 이어받는 것이니, 대통령이나 왕의 대를 이어가는 대통 또는 왕통이라고 하는 것이다. 이것은 전임자가 후임자를 나라에 추천하고 국민의 공명한 선거에 의하여 새로운 지도자로 추대 되어 천명을 받는 것인즉 그 영역을 벗어나거나 시대를 뛰어 넘을 수도 있는 것이다.

무릇 대통을 이음에는 나라의 지도자를 국민이 직접 선출하여 어진이로 하여금 이어가게 하는 것이 최선이요. 왕의 추천에 의하여 조정의 공의로 세자를 추대하는 것이 차선책이니, 만일 왕이 후임자 임명권을 가지고 왕자에게 직접 전수하는 것은 불법불의로 도저히 있을 수 없는 것이다.

국민이 자유롭게 공천하고 공명하게 선거하는 것은 직접선거요, 지도자가 추천하고 조정의론으로 추대 하는 것은 간접선거이니, 모두 민심을 얻고 천명을 받아 정통을 계승하는 길이지만 왕이 자의로 후임자를 임명하는 것은 전제군주의 독재인즉 비록 왕통은 이었다고 하여도 그 대통은 계승하지 못하게 되는 것이다.

법통은 나라의 법령제도나 문화전통을 빠짐없이 답습하여 유지보존하는 것이니, 이것도 또한 도통처럼 나라와 시대를 초월하는 것이다. 그러나 도통과 다른 것은 그 도덕적 연원과 정신적 맥락을 계승하지 못하고, 한갓 구조적인 형상과 방법적인 격식만을 전승하는 것이므로 기존의 법제와 선례만을 묵수 고집하는 법통은 상황에 따라 창의력을 자유자재하게 발휘 하는 도통과 구별하는 것이다.

그런데도 법통을 중시하는 까닭은 바로 전통문화를 육성 보존하는 의의가 있는 까닭이다. 인간생활에 있어서 정치문화의 영향력은 매우 커서 언어행동으로 부터 의식관념에 이르기까지 감화를 받아서 사회의 구조가 형성되고 문화의 성격이 정립 되는 것이다.

그러므로 법통이 단절 되면 자연히 생활방식이 바뀌고 사고의 틀도 달라지게 되므로 전통문화가 소멸하여 역사단절의 위험이 있는 것이다. 따라서 고유한 전통문물을 계승 보존하는 법통의 전승은 또한 정통을 계승하는 하나의 길이 되는 것이다.

정통국가확립의 3대요강인 국토가 있는 국호를 정하고, 국민이 있어 년호를 쓰고, 주권국가의 자치정부를 세워 최고 지도자의 직함을 가지는 것은 필수적인 기본이요, 도통과 대통과 법통은 정통계승의 3대조건이다.

정통을 계승함에 3통을 구비하면 아주 완벽한 것이나, 1통이라도 이어 받으면 명맥은 유지되는 것이다. 그러나 불행히 나라가 쪼개져서 3통을 각각 한두 가지씩 나누어 가지게 되면 한 가지가 그 두

가지를 이기지 못할 것이나, 법통은 대통을 이기지 못하고 대통은 도통을 이기지 못할 것이며, 만일 3통을 모두 끊어 자르고, 과거의 역사를 전부 부정하면 대역무도한 도당이 될 따름이니 이미 나라가 아닌 것이다.

그러므로 혁명을 함에는 반드시 끊어진 것을 다시 이으며, 쓰러진 것을 다시 세우며, 없어진 것을 다시 찾는 것으로부터 시작 하는 것이니, 정통을 살리고 주체를 찾으려는 혁명반정과 정통을 말살하는 반역난동은 엄중히 구별하여야 된다.

대저 나라의 정통은 이어받기도 어렵고 유지하기도 쉽지 않으니 모름지기 나라의 최고 지도자는 국가를 운영함에 九經에 철저하여야 될 것이다.

9경은 천하국가를 다스리는 최고 지도자가 정통을 계승하는 상도이니, 첫째 자신의 인격수양에 힘쓸 것, 둘째 어진이를 존중하여 가까이 할 것, 셋째 어버이에게 효도를 할 것, 넷째 국무책임자를 공경 할 것, 여섯째 농민대중을 사랑할 것, 일곱째 과학기술자를 우대 할 것, 여덟째 외국인에게 문호를 개방할 것, 아홉째 세계우방과 선린우호할 것이다.

지도자가 먼저 부지런히 배워서 몸을 닦으면 도체가 확립되고, 어진이를 존중하여 가까이 사귀면 의혹이 없고, 어버이에게 효도 하면 친척이 화목하니, 이것은 곧 격물치지의 학문과 성의정심의 공부를 통하여 수신제가의 도리를 다하는 것으로 지도자가 스스로 도통을 계승하는 길이다.

다음은 大臣을 공경하여 행정권을 위임하여 보필의 책임을 다하게 하고, 공무원의 신분을 보장하여 진충보국 하게 하며, 농민을 사랑하여 민생을 풍요하게 하고 인권을 보호하며, 과학기술을 장려하여 문명사회를 건설하고 찬란한 문화를 창조하는 것은 곧 국가를 유신하여 민중의 신임을 얻고 천명을 짝하여 대통을 유지하는 길이다.

끝으로 널리 외국인에게 문호를 활짝 열어 학술사상이나 풍속제도를 자유롭게 보고 배우게 하며, 세계만방과 선린우호하여 국교를 맺고 사신을 내왕하게 하면서 끊어진 전통을 이어 주고, 없어진 역사를 찾아 주며, 혼란을 바로잡고, 위기를 건져주어 정상관계를 유지하는 것은 바로 현상 질서를 안정시켜 법통을 보전하는 길이다.

이것이 바로 정통국가가 정의세계를 구현하는 대도이다. 모름지기 나라의 최고 지도자는 9경에 힘써 천하의 정의를 몸소 주장하여 그 위엄이 사방에 드날리는데 이르러야만 국가정통을 굳건한 반석 위에 세워서 길이 자손만대에 빛을 더할 것이다.

바야흐로 정통을 확립한 나라는 어느 나라도 빼앗거나 멸망시킬 수 없는 천지의 대명이 있으며, 3통을 계승한 정부는 어떠한 나라도 간섭하거나 관리 할 수 없는 인도의 대의가 있으니, 정통을 바르게 이어 3통을 갖추는 것이 곧 안전한 자주 국가를 세우는 길이다.

이에 군대를 요새에 배치하고, 군비를 증강하여 국방을 튼튼히 하므로써 나라의 주권을 지키는 것은 그 다음 일이 되는 것이다.

그러므로 어진 국민과 위대한 지도자는 문치에 힘쓰고 무력을 앞세우지 아니 하는 것이니, 한갓 무력으로 침공하여 정통국가를 멸망시키고 토시를 겸병 하는 것은 역천난륜의 반역으로서 천벌 천토를 면치 못하는 것이다.

제6절 시운통태

인생의 길흉화복은 천운의 홍망성쇠와 직결된다. 시운이 통태하면 만물이 홍성하여 인생이 안락태평 하고, 시대가 간고하면 인심이 흉흉하여 사회가 암담하게 되나니 대도정치에서는 희망의 신천지를 개벽하여 천지의 천운을 맞이하는 것을 그 이상의 극치로 한다.

무릇 시운을 개척하는 길은 하늘과 땅의 바른 자리를 정하여 천지의 대도를 세우고, 산과 연못을 골고루 배치하여 기상절후를 조절하며, 지방토질을 비옥하게 가꾸고, 물과 불을 잘 이용하여 수력과 화력의 자연자원을 개발 하고, 우뢰와 바람을 발동하여 만물의 생장을 촉진함으로써 온 누리에 中和의 기운이 가득한 세상을 만드는 것이다.

이것은 바로 천지의 자연도덕과 인간 당연한 의리를 모두 밝히어 선덕이 넘치고 공리에 철저한 인류세계를 건설하고, 고도의 과학기술을 진흥하여 가장 합리적이고 가장 과학적으로 사물을 종합개발하여 선후완급의 차례를 지키며, 상하내외에 균형을 갖추어 하늘과 사람이 한 가지가 되고, 나와 만물이 하나가 되어 모두 한 덩어리가 되는 사람의 정성과 노력이 마침내 천도의 운행을 조절하고 만물의 생성을 도와서 통태한 시운을 맞이하여 대동지치를 이룩하고 태평세계의 이상향을 건설 하는 것이다.

사람의 힘으로 이와 같은 완전지선의 이상세계를 개척함에 있어 천지는 장구하고 인생은 짧으며, 만물은 유한하고 희망은 끝이 없으니 짧은 인생에 끝없는 희망을 이루기 위하여는 저 광대무변한 천지의 힘을 밝고밝게 감통하여 스스로 다복한 길을 추구하여야 된다.

만물은 천지음양이 중화하는 眞氣에서는 생육성장하고, 천지가 전
도하며 음양이 괴리하면 邪氣가 일어나서 만물이 사망소멸 하는 것
이니, 모름지기 천지의 대도를 정립하고 음양의 정기를 배합하여 중
화의 진기를 기르는 것이 바야흐로 대도정치에 있어 시운을 통태하
게 여는 방법이다.

하늘이 만물을 창조함에 하나의 태극의 원리로 말미암아 담일 청
허한 원기를 음양 동정으로 갈라서 5행을 각각 점지하여 이 세상을
만들었으니, 사람은 그 가운데 가장 빼어난 것을 받아서 타고난 까
닭에 그 지각이 가장 신령하다.

그러므로 사람은 본래 하늘과 다름이 없으니, 인성이 곧 천리요,
인류정신이 즉 천지정신인 까닭에 내 마음에 정성을 오로지 한결같
이 하여 하늘을 감통하고 또한 하늘이 듣고 보는 것은 민중이 듣고
보는 것을 말미암은 감응의 원리가 있으니 민심이 곧 천심이다.

위대한 지도자는 하늘과 사람이 서로 감응하는 원리에 지극히 경
건하여 스스로 중화의 도를 말미암아 희로애락이 미발하는 곳에서
심리의 도체를 온전히 밝히어 천리를 보존하므로 이에 그 情意思慮
가 저절로 절도에 적중하여 상하사방이 두루 균제방정 하여 조금도
막히거나 어그러짐이 없나니 이에 가까이는 풍속이 순박하고 멀리는
기상이 화순한 것이다.

자기의 지극한 정성과 밝은 지식으로 하늘을 감통하는 것이니,
나의 마음에 아직 일념도 일어나기 전에 온전한 천리가 이미 모두
갖추어 있어야만 바야흐로 중화의 생기가 그로부터 비롯하여 일어
나는 것이다.

이것이 곧 中道의 和氣로서 안으로는 은밀히 정신을 통일하고, 밖
으로는 신선하게 우주를 造化하는테 이르러 천지의 천운을 맞이하여
신천지를 개벽하는 힘이다.

무릇 성인은 사람의 정신을 높히 드날리고, 천지의 조화를 깊히

깨달아 저절로 성실하고 스스로 밝은 까닭에 그 도덕이 천지를 배합하며 그 예절이 사시를 통합하며 그 총명이 해와 달을 융합하며, 그 재능이 귀신을 접합하여 하늘보다 앞서서 이 세상을 통어하여 천도를 바로 세우고, 하늘을 뒤따라 사업을 추진하여 천시를 완성하나니, 하늘도 또한 성인의 지덕에 감통하거든 하물며 귀신일 것이며, 하물며 사람일 것인가!

대저 인심이 중화하여야 地德이 평정하고, 천시가 완성하는 것이다. 만일 민심이 불화하여 친척이 불목하고 세대가 갈등하여 계층이 투쟁하므로서 약자가 소외고립 되고, 패자가 실망낙백 한다면 어떻게 지역이 안정 화평할 것이며 어떻게 천시가 순조롭게 歲功을 달성하겠는가?

모름지기 地平天成의 태평시절을 맞이하는 길은 참으로 인화단결하여 스스로 행복을 추구하는 노력 밖에 없는 것이다.

인화를 이룩하여 밝고 명랑한 믿음의 사회를 만드는데 요령이 있으니, 천하의 근본은 국가요, 국가의 근본은 가정이며, 가정의 근본은 가장이라, 남편은 아내의 모범이요, 아버지는 아들의 모범이며, 대통령은 공무원의 모범이다. 위에 있는 사람은 먼저 스스로 밝은 덕을 밝히어 지선의 모범을 보여서 가족과 국민을 교화하여 화합단결 하도록 이끌어야 된다.

뿌리가 어지러운데 끝이 가지런하기 어려우며, 처음이 그른데 마지막이 잘 될 수 없는 것이다. 지도자가 항상 솔선수범 하여야 화합이 되는 것이니, 지도자의 길은 생각을 엄연하게 하고, 공경하지 아니 함이 없으며, 사랑하지 아니 함이 없어서 보이지 않은 곳에서 더욱 계신공구 하고, 나타나지 않은 것을 더욱 성실히 하여서 소리도 없고 냄새도 없는 가운데 스스로 감발하고 저절로 새로워지는 지극한 덕화를 펼쳐야 된다.

지도자가 인화단결을 추구함에 善政으로 하는 것 보다는 善敎로 하는 것이 좋고, 선교로 하는 것 보다는 善德으로 하는 것이 더욱 좋다.

純一無雜한 정신으로 언행이 성실하고 지덕을 겸비하여 진실 무망한 모범을 보임으로서 공명정대한 기풍이 일어나고 만물이 반성하여 백사가 성공하여 민중이 신바람이 나서 떨쳐 일어나 국명을 유신하는 것은 선정이니 능히 국가를 발전시킨다.

총명한 지각으로 예지를 함양하여 사람으로 하여금 선덕을 자각하고 공리를 탐구하여 寬裕溫柔한 품성을 다듬고, 勇强剛毅한 의기를 기르며, 齊莊中正한 예절을 갖추며, 文理密察한 지능을 개발하는 교육을 실시하면 사람마다 5상백행이 뚜렷하여 誠敬正直의 정신과 효제충신의 도리를 각각 다하나니, 바야흐로 하나의 이치로 천지를 관통하고 하나의 마음으로 인류를 화합하는 길을 열어서 盡性至命하게 하는 것은 선교인즉 능히 민도를 높힌다.

천도는 자체정성이라 자연 진실하나니, 안팎을 가르지 않고, 나와 남을 나누지 아니 하여, 우주가 함께 유행하고 만물이 같이 생성한다. 겉으로 나타난 형상이 속에 간직한 진실의 표출이며, 다른 사람의 몰골이 내 모양의 반응이므로 마침내 우주의 현상이 바로 내 마음의 경영술에 달려 있고, 국풍의 쇄신이 내 몸의 행동법에 매여 있다. 누구를 탓하며 무엇을 허물하리, 오로지 스스로 지덕을 이룩하여 힘쓰지 않아도 저절로 되고, 생각 하지 않아도 스스로 알아서 하는 순천응시의 대도를 따를 뿐이다.

진리에 명확하니 말하기 전에 믿고, 도의에 정직하니 시키기 전에 끝내고, 공리에 철저하니 생각하기 전에 얻어서 완전히 개방하여 자율에 맡기고 또한 공유하면서 자유자재한 삶을 향유하는 것인즉 이것은 至聖의 神功으로 일체동인하는 선덕이니 능히 인도를 높힌다.

선정과 선교와 선덕은 인민을 화합하여 인류의 정치이상인 대동지치를 할 수 있는 것이다.

大同은 민중이 찬성 하며, 공무원이 찬동하며 대통령이 찬동 하며,

천지신명이 찬동하는 것이요, 至治는 일부의 여론이나 일시적인 公議가 아닌 萬歲公論으로 나라를 다스리는 것이다. 그러므로 대동지치는 天地人의 三才의 도를 모두 아울러 태극을 밝히고, 인극을 바로잡아, 황극을 세우는 것이다.

천도의 전체대통의 원리인 태극을 완성하고, 인도의 순수지선의 심리인 인극을 정립 하고, 政道의 중정화평의 공리인 황극을 건설하여 3극의 대도가 행하여짐에 천하가 공평한 것이 다.

모름지기 인사를 다하고, 천명을 기다리는 것이다. 천하국가는 자체적으로 어진이를 선거하여 지도자로 삼고, 능력자를 고시하여 책임자로 써서 믿음의 정치로 화목한 사회를 만들어 사람들이 남의 부모도 내 부모처럼 공경 하고, 남의 아이도 내 자식 처럼 사랑하며, 늙은이는 편안히 마칠 곳이 있고, 젊은이는 쓸모가 있으며, 어린이는 배움이 있으며, 사나이는 직업이 있고, 아가씨는 시집을 가서 친척이 화목 하고, 백성이 평강할 새, 재화를 아끼지만 자기 집에 사장하지는 않으며, 힘을 아끼지만 자기의 일만 하지는 않으니, 이런 까닭으로 知力邪術이 사라지고 도절란적이 나오지 아니 하여 대문이 있어도 닫지 않고 사나니 모두 일체동인 하여 융평 공영하는 대도이다.

시운개척의 이와 같은 노력은 그 극치에 이르러 마침내 천기를 맑게 하고 지질을 고르게 하여 일월이 밝고 깨끗하며 사시절후가 절도 있게 운행하여 풍우상설과 뇌전벽력의 기후가 순조롭고 일기화창 하므로서 산택강해에 윤기가 흘러 초목이 무성하고 보화가 번식하며, 전야는 비옥하여 백곡이 풍등하고, 가택은 양명하여 인물이 준수하니 이에 인생의 행복을 마음껏 누리게 되는 까닭에 하늘에는 영광이, 땅에는 평화가, 인류에는 행복의 길이 함께 하는 것이다.

지식과 인애와 용기를 모두 갖춘 사람의 정성은 지극하여 저와같이 천지의 변화를 경영하여 시운을 통태하게 개척할 수 있는 것이다. 그러므로 사람을 우주의 경영주체라고 하는 것이다.

　하늘은 천지를 운행 하면서도 말이 없고, 귀신은 만물을 조화 하면서도 흔적이 없나니, 신성한 지도자는 시운을 개척하여 천하를 태평하게 하면서도 자랑을 하지 아니 한다.

　만일 큰소리를 치고 생색을 내면서 공훈을 뽑내는 것은 무위자연의 지덕이 아니니 하늘은 한결같이 만물을 생육하면서도 말이 없고, 성인은 한결같이 만민을 양육하면서도 말이 없는 것이다.

제7절 결 론

대도정치는 궁극적으로 대우주의 진리를 찾아서 천명과 인성의 원리에 순응하며, 이세상과 저세상의 진실에 정통하며, 사물의 정상을 모두 연구하고 이용하여, 인류문명을 창조하고 인간의 임무를 완성하는데 그 본의가 있다.

그러므로 대도정치는 인도주의를 근본으로 하여 德治仁政을 말미암아 대동지치를 이룩하는 것인즉 가장 시급한 것이 민생안정이다. 풍부한 경제, 균평한 생활이 인간의 생존권을 보장하는 급선무로서 정치의 당면과제가 바로 이 문제의 해결에 있는 것이다.

따라서 나라에 3년 먹을 양곡이 없으면 나라로 보지 아니 하였고, 博施濟衆에 성왕도 고심하여 마지않았던 것이다.

다음으로 민주사회의 공명한 윤리도덕이 천부의 인권을 보장하는 대도인 까닭에 선덕이 넘치고 공리에 철저한 믿음의 사회를 만들어서 민의를 천의로 인식하며, 공론을 진리의 표준으로 하여 본말상하와 내외4방이 균제 방정한 의리를 세워 미풍양속을 진흥하는 것이다.

주체를 확립하여 어질고 유능한 정무수행이 자치권을 보장하는 길이니, 가장 현명하고 능력 있는 사람을 찾아서 지도자로 삼아야만 사업을 솜씨 있게 추진하여 성공을 걸을 수 있는 것이다.

무릇 공론정치나 능률행정은 지도자의 의식과 재능에 달여 있으니, 지도자가 내외를 合觀並聽하는 식견과 심모 원려하는 도량을 갖추어 재덕을 겸비하고, 동서고금을 달통하는 자질을 기본적으로 갖어야 된다.

대도정치에서는 인재를 교육하여 유능한 후계자를 양성하는 것을 지도자의 정치적 제1기능으로 하였으니, 지도자가 어진 사람을 등용하여 적재적소에 쓰는 것은 정치적 제2기능에 지나지 아니 한다.

제1기능의 인재양성이 없으면 제2기능의 인물등용이 충실할 수 없을 뿐만 아니라 후계자가 무능하면 그 책임이 전임자에게 미치기 때문이다. 그러므로 주체 확립은 결국 인재를 양성하여 자치능력을 함양하는데 있는 것이다.

정통을 계승하여 정의를 숭상하고 평화를 수호하는 것이 나라의 정권을 보장하는 길이니, 정통을 확립하고 3통을 구비하여 인륜강상을 높히 드날리고 세계평화에 공헌 하므로서 국위를 떨쳐야 한다.

민생민주와 주체정통의 문제는 인간의 지력으로 완성할 수 있으나 시운은 하느님의 보우를 받아야만 성공할 수 있나니, 또한 인사의 극치는 천운을 타야 완결되는 것이다.

민생경제의 건설과 민주사회의 성취는 행정사업이요, 주체정신의 확립과 정통문화의 계승은 정치도의이니, 모두 인간의 지능과 양심이 문제일 따름이다. 그러므로 능력을 개발하고, 민도를 높히면 점점 향상발전 할 것이니, 애당초 다른데서 찾을 일이 아니다.

저 사업과 도의를 선후본말의 관계로 논하면 민생민주의 사업은 사람이 사는 중요한 문제로 모든 일에 우선 하며, 정통주체의 도의는 사람의 정신을 밝히는 중대한 문제로 모든 성공의 근본이 된다. 그러므로 먼저 할 일을 나중에 하면 일을 그르치고, 뿌리가 허약하면 열매가 충실하지 못하나니, 뿌리가 허약 하여도 큰 열매를 맺는 수는 있을 것이나, 앞일을 제쳐두고 뒷일에 집착하면 전혀 살 길이 없을 것이다.

대도정치는 반드시 선후본말을 가지런히 하여 물리와 인정을 온전히 하나니, 그 사업이 절로 성공 하고, 그 도의가 자연히 뿌리를 내리는 것이다.

마지막으로 천지의 대운을 개척함에 어찌 사람의 힘으로만 완벽을 기할 수 있으리요! 인생은 유한하고, 인력은 미약하거늘 하늘은 높고 땅은 넓으며 만물은 많고 사업은 끝이 없으니 반드시 천우신조를 받아야 진선진미 할 수 있다.

처지가 아무리 좋고 능력이 아무리 많아도 그 운명이 순탄치가 못하면 말로가 험난한 것이다. 모름지기 복을 아끼고 재난을 막아서 스스로 행복을 추구 하여야 된다.

앞날의 경복을 맞이하는 길은 나의 정성을 다하여 선덕을 베푸는 것이다. 저 하늘의 福吉이 내 마음의 선심에서 찾아오고, 앞날의 경축이 오늘의 행사에서 싹트는 것이다. 어찌 멀리 밖에서 얻으리요, 어둡고 어두운 가운데 나만 홀로 아는 곳에서 비롯하는 것이다.

무릇 대도정치는 그 규모가 지극히 크면서도 그 내용이 아주 정밀하여, 사람이 정신을 수습하여 자율 주재하는 작은 원리로부터 비롯하여 양양하게 만물을 발육하여 보합대화하는 큰 사업에 이르기 까지 조리정연하게 일관하는 법도가 남김없이 갖추어 있어서 그 사랑은 가장 넓고 두터우며, 그 지식은 가장 높고 밝으며, 그 정신은 가장 굳고 오래가는 것이다.

그러므로 이 도덕은 덕성을 높이면서도 학문을 말미암고, 광대하게 만들면서도 정직함을 다하고, 지극히 고명하면서도 중용을 말이암고, 옛것을 더듬어 새로운 것을 찾으며, 인정을 두터히 하면서도 예법을 숭상 하나니, 모두 천리를 밝히고 인심을 바로잡아 자유롭고 융평한 지치를 이룩하는 일반원리이다.

대도정치의 5대강령은 그 본질적 구조와 경영적 방법에 있어서 선후경중에 따른 구별이 있다.

정치의 대의에 의한 본질적 구조에 있어서는 물론 첫째가 민생문제의 해결이요, 둘째가 민주화합의 달성이요, 셋째가 주체자치실현이요, 넷째가 정통역사의 계승이요, 다섯째가 태평시운의 개벽이다.

그러나 행정의 요령에 의한 경영방법에 있어서는 첫째가 주체정부의 자치능력이 있는 지도자의 선출이요, 둘째가 인도의 대륜을 밝혀 민심을 얻고 천명을 받아 주권국가의 정통을 계승하는 것이요, 셋째가 부국강병의 경제정책을 베풀어 후생복지국가를 건설 하는 것이요, 넷째가 민도를 높이는 교육으로 나라의 기강을 세우고 아름다운 풍속을 일으켜 민주화합의 신의사회를 만드는 것이며, 다섯째가 시운을 통태하게 개척하여 일신 휘광하는 돈화세계를 이룩하여 인류공영 이상사회를 건설하는 것이다.

원칙이 저러하고 사례가 이와 같은 까닭에 모름지기 국가를 경영함에는 주어진 상황과 형세에 따라 알맞게 절충하여 두루 조절 할 것이요, 한갓 일률적으로 답습 하거나 한 가지만을 고집할 일이 아니다.

그러나 어떠한 경우에라도 부국강병의 노력과 제세구민의 의지와 순천응시의 정신을 간직 하지 아니 하면 대업을 성공할 수 없는 것이다. 대도정치는 현실적으로 천하에 무적의 힘을 가지고 있는 가운데 이상적으로 세계에 지선의 대도를 밝히는 것이니, 씩씩하고, 떳떳하고, 든든하게 사는 길이다.

사람으로 하여금 힘차고 착하고 믿음직하게 하는 인도주의와 나라로 하여금 튼튼하고 정의롭고 새롭게 하는 대도정치는 천지의 대도요, 인류의 대의이니 어떤 사람도 바꾸지 못하는 대경대법으로서 민중의 영원한 희망이요, 민주주의의 이상이라고 할 것이다.

참고문자범례

5복 · 6극……書傳洪範 9왈5복참조

항산제도……孟子참조

5륜 · 5상……서전순전과 맹자참조

부부지도……周易 咸恒 참조

홍범……서전 홍범 참조

9경……中庸 九經 참조

대동……禮記 禮運 大同 참조

시운개벽……주역참조

정통및 3통……春秋 참조

第3篇 宋子의 事業과 道德

제1절 생애와 사업

독서를 통하여 성현이 되는 길을 말미암아 공자, 맹자, 정자, 주자의 학문전통을 우리나라로 옮겨 와서 이 땅에 독서의 종자를 뿌려 꽃피운 어여쁜 군자가 있었다. 성현의 글을 한결같이 읽어 그 정수를 체득 하는 것은 사람을 방심하지 않게 하는 긴요한 방법이다. 해타한 정신을 이미 수습하면 지식을 연마하는 공부는 그 가운데에서 이루어진다. 그러므로 공부자는 克己復禮와 博文約禮를 말하였고, 주자는 독서궁리와 凡事求是를 말하여 학문의 시종으로 삼았다.

송자는 일찍이 말하기를 "나는 먼동이 트면 머리 빗고 객실에 앉아 아침이면 「주역」, 「서전」, 「예기」, 「춘추」를 읽고, 저녁이면 뜰 안을 거닐면서 「시경」을 노래하며, 초야에서는 百家衆氏의 글을 한가하면 읽어서 한없이 귀에 넘쳐흘렀다. 그러므로 나는 와서 배우는 사람에게 남의 신하가 되어서는 불충에 빠지지 않게 하였으며, 남의 아들이 되어서는 불효에 빠지지 않게 하였으며, 윗사람과 사귐에 아첨하지 않고, 아래사람과 사귐에 더럽지 않게 하였다."(송자대전 권134 잡저)라고 하였는바 우리나라에 독서생활 80년으로 마침내 대성하여 이 땅에다 독서종자를 뿌린 분이 바로 송자이시다.

선생은 성이 宋씨요, 명은 時烈이며, 자는 英甫니 은진인 봉사 甲祚의 아들로서 그 호가 尤庵이요, 시가 文正公이다. 선조40년(서기 1607년)11월 12일 옥천군 구룡촌에서 탄생하였으니 처음부터 嘉徵이 있어서 어머니 곽부인은 명월주의 꿈이 있었고, 아버지 수옹공은 성학도의 꿈이 있었는지라 어려서의 자를 聖賚라고 하였었다. 일찍부터 문학을 깨달아 심지와 기개가 특이비상하야 부모가 하고 싶지 아니한 바는 뒤에 다시 하는 일이 없었다. 7세가 되어 淸坐窩 송이 창에게 나아가 그 아들 동춘당 준길과 더불어 함께 배웠다.

광해군 5년 수옹공이 진사급제하고 나서 홀로 서궁에 찾아가 이 미 폐모유폐된 인목대비에게 배례한 죄로 금고환향하여 문을 걸어 잠그고 글을 읽으면서 아들을 가르치는 것으로 일을 삼았던바 이로 부터 선생의 학업이 날로 진보하였다. 이때 아버지는 항상 성현의 사업으로 책려하여 말하기를 "주자는 후세의 공자요, 율곡은 후세의 주자니, 공자를 배우려면 마땅히 율곡으로부터 비롯해야 한다."라고 하면서 율곡선생의 「격몽요결」을 가르치니 선생이 모두 읽고나서 문 득 말하기를 "이와 같지 못하면 사람이 될 수 없다." 하고 스스로 분 발하였다.

인조2년(서기1624년) 5월에 관례를 행하고 용문산사에 들어가 글 을 읽다가 다음해 2월 한산이씨 都事 德泗의 딸과 결혼하고 4월에 는 금천사에 들어가 글읽었다. 선생은 어려서부터 대부분 산방에 있 으면서 글을 읽었는데 혹 저녁마다 잠을 안자기도 하고 혹 날마다 밥을 먹지 않기도 하면서 조금도 게을리 하지 않았다. 인조6년 4월 아버지 수옹공이 돌아가시니 형제들과 더불어 상례의 도를 넘어서 정성을 다하였다. 3년의 상복을 벗은 다음에 문원공 沙溪선생에게 나아가 배웠는데 선생은 어렸을 때부터 이미 그 문하에 출입하며 생 각을 오로지하여 공부를 하면서 성현의 학문을 하기로 자임하였다. 인조9년 8월에 사계선생이 돌아가시니 동춘과 더불어 1년 동안 심 상하고, 드디어 신독제선생을 따라서 배우니, 이때부터 오로지 주자 의 글을 읽었다. 인조 11년 9월에 생원시를 보아 1등으로 급제하여 경능참봉을 배수하였는바 처음 어버이를 봉양하기 위하여 취직하였 으나, 한 보름 만에 노친을 멀리 떠나온 것이 안타까워 사임하고 귀 향하였다.

　인조13년(서기 1635년) 2월 여러 학생을 이끌고 회덕으로 들어가 비래동의 泉石을 賞歎하고 이어서 서재를 설립하였으니 선생의 나이가 29세이었다. 11월에 대군의 사부를 제수 받으니 곧 효종이 잠저에 있을 때 그를 가르치게 된 것이다. 다음해 병자년 겨울에 북쪽 胡虜가 갑자기 침입하므로 임금을 호가하고 남한산성에 들어가 성을 지켜 항쟁하다가 새해 정월에 강화도가 함락되자 인종은 멀리 송나라가 최후의 한 사람까지 元과 싸우다 망하였고, 명나라가 또한 마지막까지 清과 싸우다가 망한 열렬한 역사를 보고도, 유약하게 3전도에서 청에게 굴욕적인 城下之盟으로 항복하고, 이어 세자와 대군이 심양으로 볼모로 가니 선생이 통곡하면서 성을 떠나 벼슬을 버리고 고향으로 돌아와 버렸다.

　인조 16년 별제에 승진되었으나 부임하지 아니하고, 바야흐로 대란을 겪은 뒤 국가의 치욕을 통탄하며 세상과 길이 이별할 생각을 가지고, 황간 냉천리의 산수를 사랑하여 그곳에 우거하면서 날마다 사방의 학자와 도덕을 강론하였다. 인조20년에는 윤휴의 이기설을 변박하고, 또 그의 중용설을 배척하여 공맹정주의 도통을 수호하였다. 인조 25년에 선생은 여러 번 벼슬에 임명되었으나 부임하지 않고 비래암에 들어가 여러 학생과 더불어 학문을 연구하였는바 늘 주자의 글을 가장 좋아하면서 말하기를 독서는 마땅히 율곡선생이 정한 바의 차례를 따라야 할 것이나 후학이 힘을 얻을 곳은 주자의 글과 같은 것이 없다고 하였다.

　인조 27년 5월 인조대왕이 승하하시고, 英豪한 효종대왕이 왕위를 이어받음에 특별히 유서를 내려 부르니 6월에 부름에 나아가 세자시 강원진선을 제수 받고, 또 사헌부장령을 제수 받았으나 질병으로서 사양하고, 소를 남기고는 서둘러 귀향하였다. 9월에 다시 부름을 받아 서울에 올라와 진선을 제수 받고 들어가 선정전에서 왕에게 대답하여 말하기를 "옛날부터 사람이 임금에게 요순의 대도로서 정치를

하라고 졸라 권면하면, 이상만 높았지 현실을 모른 말이라고 여기지
아니함이 없었습니다. 그러나 요순의 도덕정치는 실지로 고원해서
실행하기가 어려운 것이 아니요, 다만 천리의 공명함을 지키고, 인욕
의 편협함을 막는데 있을 뿐입니다. 전하께서 날마다 사람을 쓰고,
일을 처리하는 때에 정밀하게 이런 마음이 발동하는 것을 살펴서,
그것이 천리이었음을 알면 한결같이 확충시키고, 그것이 인욕이었음
을 알면 힘써 막아 끊어버림을 부지런히 하여 쉬지 않으면 요순의
대도를 거의 이룩할 수 있는 것입니다." 왕이 말하기를 "이 말씀이
매우 정밀합니다. 요순의 도를 비록 갑자기 미칠 수는 없다고 하여
도, 어찌 그 이상이 고원하다고 해서 추구하지 않겠습니까?"라고 하
면서 벼슬을 옮겨 사복사정을 특별히 제수하니 선생이 마음속으로
왕의 큰 생각이 있는 것을 알고 드디어 책을 엮어 봉사를 올렸다.
그 내용을 대략 간추리면 다음과 같다.

  "천하의 일이란 좋고 나쁜 것을 가릴 것 없이 임금의 한마음에서
뿌리가 생기지 않은 것이 없으므로 임금은 마음을 바르게 간직하고,
생각을 성실하게 하는 것으로 본분을 삼아야 합니다. 그러므로 전하
의 한 마음을 한가로운 틈이나 바쁜 가운데서도 참으로 잘 간직하여
기를 수가 있고, 사람을 쓰고 일을 처리하는 사이에 잘 살펴 가릴
수만 있다면 천하가 비록 넓고, 백성이 비록 많다고 하여도, 다스리
는 방법은 이것을 벗어나지 않은 줄을 알게 되어 참으로 요순주공의
서로 전해준 심법을 터득할 것입니다."라고 요체를 말하고 이어 천
하국가는 예의가 닦여지면 잘 다스려지고, 예의가 문란하면 어지러
워지나니, 그러므로 전하는 반드시 예법을 강구하여 喪祭禮에 신중
하여야 할 것이며, 한 몸의 시비득실과 국가의 치란 안위가 모두 임
금 마음의 正과 邪에서 나오나니, 그러므로 전하는 반드시 학문을
강론하여 마음을 바르게 할 것이며, 또한 군자의 도는 부부생활로부
터 실마리가 만들어 지나니 그러므로 임금은 반드시 자신을 수양하

는 도리를 극진히 하여 하여금 심지를 안으로 한결같이 하고, 용모를 밖으로 장중하게 하여야 한 바 전하는 반드시 몸을 닦아서 가정을 가즈런히 할 것입니다.

剛明한 주장이 유약한 주장을 이기면 잘 다스려지고, 강명한 주장이 유약한 주장을 이기지 못하면 어지러워짐으로 전하는 반드시 강명공정한 사람을 써서 편벽되고 망령한 이를 멀리하고 충직한 이를 가까이 할 것이며, 임금이 인도의 지극한 표준을 세우면, 아울러 임하고 널리 비추며, 공평하게 듣고 함께 관찰하여, 평평탕탕한 정치를 시행할 것이니 전하는 반드시 사사로운 은애를 억누르고, 국가공기관의 체제를 확립할 것입니다.

재상이란 임금마음이 잘못된 것을 바로 잡는 직분을 가진 사람이니 그 경외할 만한 사람을 뽑아 임기를 길게 하므로서 하여금 백직을 총리하여 국민의 관심과 관사임면권이 항상 내각에 있게 하여 私門으로 나오지 못하게 하면, 임금은 자연히 몸을 공경히 하여 남쪽을 향해 앉아 있어도, 응당 임금의 위엄이 자연히 확립되고, 국세가 자연히 장중하며, 기강이 자연히 장대하며, 형정이 자연히 맑아지며, 민력이 자연히 유여하며, 군정이 자연 修明하나니, 전하는 반드시 정밀하게 어진이를 뽑고, 능력 있는 사람을 임명하며, 체통을 밝힐 것이요, 하루 종일 땀을 흘리면서 세무를 몸소 처리하여 날마다 자질구레하고 번잡한 데로 들어갈 필요가 없는 것입니다.

예양의 풍속과 염치의 절조는 숭상하지 않을 수 없는 것이니 전하는 반드시 기강을 진작하여 풍속을 격려할 것이며, 국민의 체력이 튼튼하여야 국가가 번영하나니 전하는 반드시 국민이 곤궁하고 초최함을 근심하여 재정을 절제함으로서 국민의 생활을 향상시킬 것이며, 세금이 무거우면 국민의 생활력을 해치고 국민의 생활력을 해치면 국세가 확장하지 못할 것이니 그러므로 전하는 반드시 연산의 중세법령을 개정해서 세제를 바로잡아 국민의생활능력이 퍼지게 할 것입니다.

옛사람이 말하기를 사치는 천재보다도 심하다고 하였으니 전하는 반드시 검소한 덕풍을 숭상하여 사치한 세속을 바로 잡을 것이며, 국가의 원대한 발전과 민족의 영원한 생명이 장차 세자에게 달렸으니, 전하는 반드시 스승을 선택하여 왕자를 교육시킬 것."이라고 현재의 당무를 차례로 진술하고 끝으로 특별히 復讐雪恥의 대의를 논하여 국가의 급무를 절실하게 다음과 같이 제시하였다. "공자는 춘추를 지어가지고 천하는 정의에 의하여 통치하여야 하는 대의를 밝히고, 주자는 인문의 논리와 천도의 원리를 구명하여 원수를 갚아 치욕을 씻어야 하는 의리를 주장하였으니 말하기를 하늘은 높고 땅은 낮은데 사람이 그 가운데 사니, 하늘의 도는 음양을 벗어나지 않고, 땅의 도는 강유를 벗어나지 아니한다. 그렇다면 인과 의를 버리고서는 사람의 도를 세울 수가 없다. 그런데 인은 부자사이보다 큰 것이 없고, 의는 군신사이보다 큰 것이 없는지라 이것을 3강의 요지요, 5상의 근본이라고 하는 것이다. 인륜과 천리의 절대성은 하늘과 땅사이에 도망갈 곳이 없는 것이므로 임금과 아버지의 원수와는 함께 더불어 하늘아래 설 수 없는 것이다. 이것은 세상의 모든 군신부자의 천성이 지극히 통분한데서 발단하여 스스로 그만둘 수 없는 동일한 감정이 있는 까닭이요, 한 사람의 사욕에서 나온 것이 아니다. 라고 하였으니 이 말은 한 글자 한 구절이라도 혹시나 흐려진바가 있으면 예와 악이 더러운 흙 속에 윤락되고, 인도가 금수로 타락하여 마침내 구하지 못하게 됩니다. 우리 조선왕조는 창업이래 300여년간 예의충정한 절의의 나라인데, 불행하게도 요즈음 추악한 오랑캐의 방자한 흉적들이 온 나라를 짓밟아 당당한 예의의 나라가 모두 저 오랑캐들에게 더럽혀졌습니다. 그때의 일을 어찌 차마 말하겠습니까! 이어서 갑신년 변란에는 명나라 서울이 뒤엎어지게 되니 천하에 정의로운 천자도 없어졌습니다. 우리나라는 실제로 명나라 신종황제의 은덕을 입어 임진년의 왜란때 국가가 이미 폐허가 된데서 다시 존립하게 되었고, 국민이 거의 다 죽어가는 데서 다시 살아났습니다. 그렇다면 오늘날 원독 분통한 이가 온 세상에서 누가 우리만 하겠습니까? 그렇다면 우리민족의 감정은 또한 마땅히 어떻겠읍니까. 저 푸른 하늘인들 어찌 다함이 있겠습니까! 아! 저들이 우리에게 깊은 원한을 맺히게 하였으니, 최후의 한 사람까지라고 저들을 멸망시킬 방법을 만들지 아니하리까, 전하는 용과 지를 타고나서 위덕이 이미 나타나셨으니, 하늘이 준 사명과 선왕의 부탁을 이미 생각하고 있을 것이요, 국민들의 나아갈 바도 이에 절실합니다. 만약 이 문제에 털끝만치라도 극진하지 못함이 있다면, 비록 제왕의 복록을 누린다 하여도 어찌 즐겁겠습니까, 진실로 전하의 마음속에 이미 말없이 결정한 것이 있을 줄 알지만 근심스러운 것은 일종의 완악하고 우둔하며 이익을 탐하고 부끄러움을 모르는 무리들이 말하기를 우리가 이미 저들에게 몸을 굽혔으니 명분이 이미 확정되었다 라고 하여 곧 선왕의 치욕과 명나라의 멸망도 돌아보지 아니함이 있을 것입니다. 가만히 두려워하건대 이런 소리가 행하여지면 공자이래의 대경, 대법이 일절 사라져서 앞으로 3강이 이지러지고, 9법이 풀려져 아들놈이 제아비있는 줄을 알지 못하고, 신하가 임금있는 줄을 알지 못하며, 인심은 간사 괴벽해 지고, 천지는 닫혀서 막혀버려 모두 짐승과 같이 될 것이니 가히 두렵지 않겠습니까, 그렇지만 또한 오늘날 천시와 형세를 헤아리지 못하고 가볍게 강성한 오랑캐와 국교를 단절하면 원수도 갚지 못하고, 화란과 패망이 먼저 이를 것이니 곧 또한 선왕의 부끄러움을 참고 몸을 굽혀 국가를 지속시킨 본의가 아닙니다. 원컨대 전하께서는 마음에 굳게 고정하여 북쪽 오랑캐는 君父의 큰 원수로서 맹서코 참아 함께 하늘을 이지 아니하기로 유감을 저축하고, 원한을 적립하면서 아픔을 참고 분함을 머금어 우리를 낮추는 말가운데 분노를 더욱 뭉치고, 금은폐백을 주는 가운데 복수심을 더욱 불태워서, 마음속에 비밀을 혼신도 눈치 채지 못하게 하고, 의지와 기개의 굳건함을 천하장사인 분육이라도 빼앗지 못하게 하여 5년 7년으로부터 10년 20년에 이르도록 풀지 아니하기로 기약하고, 우리 힘의 강약을 보면서 적세의 성쇠를 관망하면 비록 창을 잡고 그들의 죄를 문책하여 중원을 깨끗하게 쓸고 원수 갚을 수는 없다 할지라도 오히려 때로는 국경의 관문을 닫고 조약을 폐기하여 나라의 명분을 바로하고 천리를 밝혀 우리의 의리를 지키는 편안함이 있을 것입니다. 가령 그 성공과 실패, 이익과 손실을 미리 예측할 수 없다고 하더라도 그러나 우리는 군신과 부자사이에 이미 유감이나 없는 것이니 굴욕적으로 구차하게 사는 것 보다는 훨씬 현명한 것이 아니겠습니까,"라고 하였는데 이상 끝줄의 한 조목 말은 혹시 누설되어 적국에 알려지면 국가의 환난이 될 두려운 말인데도 선생은 정론을 용감하게 말하는 의리를 조금도 굽히지 않았다.

효종1년(서기 1650년) 2월에 역도 김자점 등이 오랑캐에게 헐뜯어 고자질하기를 효종대왕이 초야의 신진사림을 기용하여 장차 오랑캐를 정벌하려 한다고 하니 오랑캐들이 군대를 이끌고 국경을 압박하면서 사신을 파견하여 따지게 되었다. 일이 장차 어찌될지 모르고, 경향이 크게 놀래는 지라 일시에 사류들이 관직을 사퇴하고 변고를 기다리는 데, 효종이 차라리 내가 혼자 감당할지인정 차마 두서너 신하를 죽일 수 없다고 하여 기회를 타 선처하니 일이 드디어 무사하게 끝났다. 그러나 이로부터 다시 벼슬하고 싶은 생각이 없어지고, 임금도 또한 감히 불러 쓰지 못하니 선생이 물러와 향곡에 있으면서 사계선생의 행장을 엮고, 율곡선생의 연보를 교정하였다. 효종9년 9월에 특별히 임금을 만나 볼 수 있게 되니 선생이 동춘과 함께 들어갔는데 임금이 말하기를 선비가 이 세상에 살면서 만약 세상에 뜻이 없다면 그만이려니와, 재능과 학덕을 한 아름 안고서도 써보지 않는다면 장차 무엇을 할 것인가? 선생이 말하기를 전하가 통치한지 10

년 동안 정신을 가다듬어 잘 다스리려 하였으나 정치의 효과가 드러
나지 않은 것은 그 까닭이 무엇입니까? 程子가 임금의 덕을 논하여
말하기를 궁중의 음식과 기거한 모습은 반드시 외간으로 하여금 알
게 하고, 임금의 언동이 겉과 속을 뚜렷이 할 것 같으면 어찌 사람
들이 밖으로 말을 전파함이 있을 것인가! 송나라 태조는 3대이하의
중간정도의 인물 이었지만 오히려 또한 대문을 훤히 열어놓고 말하
기를 참으로 邪曲함이 있으면 누구든지 모두 보아라, 라고 하였으니
제왕은 반드시 이와 같이 한 뒤에 사업이 이루어지는 것입니다. 라
고 말하고 이어 청나라와 무역을 하지 말 것을 요청하였다.

　임금이 특지로 이조판서를 배수하니 선생이 부득이하여 취직하여
인재를 나가고 물러가게 함이 한결같이 공의를 따랐고, 良人從母役
의 법을 시행하여 아버지가 천인이라도 어머니가 양인이면 그 자식
은 양인이 되는 법을 실시하였는데, 이는 여권의 지위를 향상시킴과
동시에 천인을 상민으로 해방시킨 것이며, 특권층의 비행을 바로잡
아 대군이나 부마에 이르기까지 법률을 어기지 못하도록 통렬하게
억제하였으며, 호패의 법을 강구하여 시행하므로서 병역을 골고루 이
행하게 하였으며, 내수사의 취렴하는 폐단을 논하여 궁중의 수요도
내각의 예산에서 지출토록 주장하였으며, 영세빈민의 구호책을 서두
르고, 납곡인에게 시상할 것을 요청하고, 사축서의 복설을 건의하며,
교관을 별설하여 전국의 어린이를 가르치게 할 것을 주장하였다.

　임금이 貂裘 한 벌을 내려 북벌하여 중원으로 쳐들어갈 뜻을 보인
대 더욱 각오를 단단히 하였다. 임금이 불러서 心經을 강론할 때 임
금에게 대답하여 말하기를 주자로부터 의리가 크게 밝혀졌으니, 후
세에는 혹 조금이라도 주자의 학설에 어긋나면 잡설을 면치 못합니
다. 라고 하였다.

　3월에 희정당에 들어가 임금을 모실 때 효종대왕이 여러 신하는
물러가라고 명령한 뒤 또 승지와 사관까지도 모두 나가라고 명령하

면서 오직 선생만 홀로 머물러 있게 하고, 이어 환시에게 명령하여
문을 훤히 열어 놓게 하고, 아울러 물러가게 한 뒤에, 국정을 닦아
북으로 청나라를 정벌할 큰 계책과 국가의 중대사를 비밀 논의하였
으니 아무도 그 내용을 알지 못하게 한 것이다. 이때 효종대왕은 이
미 큰 계획을 결정하여놓고 선생에게 그 준비를 부탁한 것이니 교지
에 말하기를 "천리를 밝히고 인심을 바로 잡는 것은 나의 책임인데
나와함께 이 일을 할 사람으로 경이 아니면 누구이겠소, 경은 세상
의 도덕을 자임하시오,"라고 하였다. 이로부터 임금은 한결같이 선생
의 말을 따라서 옛날의 법전을 다듬어 들어내고, 세제를 가볍게 개
정하며, 농업과 양잠을 권장하며, 사졸을 정선하여 훈련시키고, 어사
를 분견하여 관기를 숙정하며, 빈민을 구제하여 定住시키고, 농지를
개간하여 게으른 사람들을 부지런히 일하게 하였다. 또 명령으로 여
러 궁의 둔장이나 염분이나 어전 등이 민폐와 관계된 것을 두루 물
어서 보고토록 하였고, 또 명령으로 궁가의 면세는 한결같이 법령대
로 하게 하였으니, 대개 정치의 대본을 확립하고나선 학생을 모아
국민초등교육의 체제까지도 거의 이루어 놓았다.

이때에 효종대왕은 바야흐로 한가한 틈만 있으면 문득 선생을 불
러 중요업무를 토론하였는데 오직 주위사람들에게 그 비밀계책을 알
아들을 수 없게 하기가 어려울 뿐만 아니라 獨對의 모습이 사람을
의구케 하여 즐거워하지 않으므로 다시 할 수도 없게 됨으로 드디어
임금은 손으로 편지를 써가지고 은밀하게 세자에게 부탁해서 선생에
게 전달토록 하였다.

선생이 바야흐로 정부에서 당직하면서 답장을 초고하고 있을 때에
갑자기 임금의 건강이 크게 이상하다는 보고를 받고 달려가 합문외
에서 여러 신하와 더불어 땅에 앉아 애태우던 중 중관이 달려 나와
명령을 전하기를 "영상과 이판을 급속히 들어오라하오 장차 유명을
할것 같습니다." 하므로 선생과 정태화가 따라 들어갔으나 조금 있

다가 효종대왕이 승하하였다. 선생은 친히 염습례를 거행하는데 참여해서 친히 손을 모아 매어주고, 복제를 정하여 올리며, 재궁을 만들고, 능호를 지어 드리여, 산릉을 정하고, 지문을 지어서 송종의 례를 모두 갖추고, 애통한 정성을 극진히 하였으나, 마침 간사한 무리들이 이틈을 이용하여 속임수로 흉악한 꾀를 내었으니 첫째 소렴할 때 교포를 묶지 않으므로서 시신이 부풀었고, 둘째 재궁이 작아서 목판을 이어 썼으며, 셋째 산릉을 수원으로 하지 않고 여주로 한 것이 큰 죄가 된다고 하여, 차마 듣지 못할 소리로 헐뜯으니 선생이 상소하여 스스로 탄핵하고, 드디어 서울을 떠날 결의를 하고 사직소를 남기고 고향으로 돌아왔다.

　현종1년(서기 1660년)에 윤휴와 허목등이 상소하여 대왕대비(계모 조대비)는 대행대왕(아들 효종)이 비록 次子이지만 먼저번 長子인 소현세자가 왕위에 오르기 전에 죽었으므로 장자로 볼수 없는 까닭에 효종의 상에 당연히 자최3년의 복(장자로 대우)을 입어야 된다고 하였다. 이 주장은 왕통의 질서유지를 위한 것으로 곧 왕위를 보호하자는 논설이었다. 그러나 선생은 조정에서 복제를 제정할 때에 대왕대비는 이미 효종의 형인 소현세자가 죽었을 때 자최3년의 복을 입었으니 이제는 아무리 왕통을 받았다 하더라도 형제의 순서로는 장자가 아니니 차자의 복을 입어야 하므로 조대비는 효종을 위하여 기년의 복(衆子로 대우)으로 결정하였다. 이는 인륜의 질서유지를 위한 것으로 곧 도통을 수호하려는 것이었다. 대개 선생이 주장한 바는 상례의 복제와 기간이 천자로 부터 서인에 이르기까지 모두 동일하다는 논리요, 저 사람들은 제왕과 서민은 상례의 복제와 기간이 당연히 다르다는 논설이었다.

　다음해에 임금이 사관을 보내 특별히 불렀으나 여러 번 사양하였는데 5월에 이르러 引見의 명령이 있으므로 드디어 올라와서 뵈인즉 임금이 말하기를 "경이 시골에 있은지가 오래되었으니 무슨 할말이 없습니까"한 즉 선생이 대답하여 말하기를 "中外에 公이 私를 이기지 못한 것이 오늘날의 큰 병입니다. 민사로 말하면 강자는 죽을 때까지 부역이 없고, 약자만 억울하게 그 고통을 받고 있으니, 이것은 다름이 아니라 기강이 서지 아니한 까닭입니다. 그러나 기강이 서지아니한 것은 진실로 임금의 마음에 가리운바가 있는 것이므로 자주경연에 나가시어 학문에 마음을 둘것 같으면 사욕이 사라지고, 천리가 밝아져서 기강이 자연히 확립될 것입니다.'라고 하였다.

곧 귀향하여 제자들을 교육하던 중 현종3년 3월에는 풍악산을 두루 구경하였고, 그 이듬해 8월에는 속리산을 유람하였다. 현종5년에 또 속리산에 들어가니 원근의 선비들이 따라가 배운 이가 많았다. 현종7년 8월에는 화양 동으로 사는 곳을 옮겨서 그 천석을 즐기다가 10월에 소학언해찬정의 명령을 받고 동춘제공과 더불어 정정하여 올렸다.

현종9년 정월에 대광보국숭록대부 의정부우의정을 배수하였으나 선생은 상소 사직하였는데 이로부터 8월에 이르기까지 무릇 10번이나 상소하여 사직하였는바 임금은 사관을 일곱 번, 승지를 세 번이나 보내서 돈독히 부른데다 11월에는 불러서 만나 뵈이는 명령까지 있으니 부득이 올라가 뵈이고 심경을 강의할 때 임금이 묻기를 "경은 일찌기 어버이의 뜻을 잇고, 어버이의 일을 이루는 것으로 나를 면려하였지만 나는 모르는 것이 많습니다. 그러니 경은 물러가지 마시요." 한대 선생이 대답하여 말하기를 "신이 어버이의 뜻을 잇고, 어버이의 일을 이루는 의리로 전하를 힘쓰도록 한 것은 다만 효종의 의지와 사업을 따라 이루려는 것뿐입니다. 효종은 항상 크게 해볼려고 하는 뜻이 있어 정신을 가다듬어 잘 다스릴 것을 꾀하고 여러 사람을 격려하였으니, 일찌기 말하기를 조정에 있는 모든 신하들이 각자 근식하야 각별히 법도를 지키면 정치를 하는데 무슨 어려움이 있었겠는가 라고 하였습니다. 또 말하기를 옛날 사람이 섶에 누어 쓸개를 씹으면서 복수심을 일깨운 일은 비록 하찮은 것 같지만, 그러나 주자는 오히려 본받을 것이 있다고 하였으니, 이러한 행동을 임금에게 하라는 것이 아니라 반드시 이것은 행사에서 늘 이런 마음을 잘 간직하면 안일에 빠지지 아니하므로서, 게으르고 구차하게 편안하려는 사욕이 용납할 바 없게 될 것입니다."라고 하였다. 이어서 민정중이 말하기를 "듣건 대 저 나라의 정사에 또한 위망의 기틀이 엿보이니 오늘날 비록 기병 북진은 못한다고 하더라도 자강책만은 마땅히 강구해야 합니다. 원컨대 임금께서는 더욱 각별히 생각하소서." 한데 임금이 말하기를 "송판부 사가 있을 것 같으면 내가 비록 영민하지 못하지만 감히 노력하지 않 겠습니까."라고 간곡히 말리므로 부득이 머물렀다.

현종10년 불러서 임금을 만남에 신덕왕후 강씨의 묘인 정릉의 복 권을 요청하고, 단종이 죽을 때 아무도 그 시신을 돌아보지 못하거 늘 엄홍도가 가서 곡하고 자신이 염장하였는바 그 절의를 표창하여 그 자손을 등용할 것을 청하였다. 이어 정치를 하는 도리는 정계를 분명하게 하는 것이 먼저인바 정치가 이미 안정이 된 뒤에는 반드시 保位의 법을 만들어 국민을 조직화해야 하며, 또 토지제도가 이미 잘 시행되면, 군정을 일으키지 않을 수 없고, 향약의 법을 행하지 않을 수 없다고 하였으며, 또 혼인에 동성을 취하지 못하도록 요청 하여 시행하고, 이어, 승려는 나이를 제한하여서 양민으로 하여금 병 역을 면제받고, 부세를 도피하지 못하게 해야 한다고 요청하며, 또 말하기를 양인종모의 법을 행하므로서 양민이 날로 늘어난다고 하였 으며, 또 정치는 인륜을 밝히는데 앞장서야 한다고 하였다.

임금이 가마를 타고 다니라는 명령을 하였는데 선생은 정자와 왕 안석이 주장한 사람을 가축으로 대용할 수 없다는 말과, 조중봉이 식구들로 하여금 이고 지게해서 매순마다 행군연습했던 일로서 글을 올려 강력히 사양하였는데 임금도 끝내 허락하지 않았지만 선생은 마침내 받지 않았다. 또한 병자호란에 3학사의 절의를 旌表하도록 요청하고, 다음해 7월에는 3학사전을 친히 지어 춘추대의로서 그 절의를 지극히 높였다. 현종13년에 자운서원 묘정비를 엮어 주자이후 도학의 전통이 우리나라로 건너와 포은 정암 퇴계 율곡으로 이어 내려온 사실을 더듬어 동방의 도학연원을 크게 밝혔다.

현종15년 8월 대왕이 승하하고 숙종이 왕위를 이음에 윤휴와 허목이 특례로 발탁되어 조정에 들어가서, 충성스럽고 정직한 말을 막아버리고, 임금의 총명을 가렸다는 말로서 선생을 무고하니, 이에 선생의 관작이 삭탈되고, 서울 밖으로 내어 쫓기는 신세가 되었다. 이윽고 숙종1년 정월에는 멀리 유배가라는 명령이 떨어지니 선생은 69세의 노구를 이끌고 그날로 배소로 출발해서 함경도 덕원에 도착하여 단정히 앉아 독서하면서 일찌기 한번도 문밖에 나오지 않았다. 3월에는 청음선생의 묘지를 엮고, 6월에는 경상북도 장기(경북 영일군)로 옮겨 위리안치 되었는데도 포은 선생의 신도비문을 지어 그 충절을 표창하였다. 숙종 3년 3월에 부인 이씨의 부음을 유배지에서 들었고, 다음해 8월에는 주자대전차의를 완성하여 성학을 밝히고 세교를 일으키고자 하였으며, 이어 정서분류를 완성하여 학자로 하여금 고열에 편케 하였다. 숙종 5년 4월에는 또 거제도로 옮겨 천극되어 바깥과 완전 통제되었는데 12월에는 주자어류소분을 완성하였고, 우계성선생의 기보통편을 완성하였다.

숙종 6년 5월에는 위리를 거두고, 청풍으로 옮겨 유배되었는데, 이해 봄에 허적과 윤휴의 당파들의 역절이 드러나 차례로 사형을 당함과 동시에 그들이 하나같이 모두 조정에서 쫓겨 나감으로 마침내 선생도 완전히 석방되어 집에 돌아와 화양으로 들어갔다.

10월 영중추부사를 배수하여 특별히 유서를 내려 부르니, 선생이 드디어 들어가 석방의 은혜를 감사하며, 입시하여 태극도와 서명을 강론하고 장차 물러가려 할 때에, 임금이 초모를 하사하였는데 조금 있다가 또 양구를 하사하면서 말렸으나 상소하여 귀향할 것을 요구하였다.

숙종7년 정월에 입대하여 수차를 올려 효묘의 의지와 사업을 진술하였는데 의로운 중화의 명나라를 높이고, 오랑캐의 만청을 물리치는 대의의 근본이 오직 사욕을 버리고 공도를 넓히는데 있다는 것을 극론하였다. 또한 도량형기의 제도를 일정하게 하여 벼슬아치들로 하여금 농간하는 폐단이 없게 하도록 요청하였다. 9월에는 심경석의교본을 지어 올리고, 또 상소하여 율곡과 우계양현을 문묘에 종사하기를 논청하여 允許를 받았고, 또 문묘에 啓聖廟를 만들도록 요청하고, 또 사계 선생을 문묘에 從祀하기를 청하였다.

숙종9년 정월에 입대하여 수차를 올려 국사를 논하면서 시정의 요무를 조목조목 말하였는데 다음과 같다.

첫째, 수령을 적극 선택할 것.

둘째, 청백리를 잘 선별할 것.

셋째, 수령의 시정업적이 뛰어난 사람은 포장승진 할 것.

넷째, 水車의 제작법을 반포하여 가뭄에 대비할 것.

다섯째, 서리를 줄여서 재정의 소모를 줄일 것.

여섯째, 조신이 시정인들과 교제한 사람을 규찰하여 탄핵할 것.

일곱째, 사치의 폐단을 엄금할 것.

여덟째, 수어사를 변통하도록 의론 처리할 것.

아홉째, 고리채의 규정을 변통할 것.

열째, 혼인에 사치하여 빚내쓰는 폐단을 엄징할 것.

열한째, 면포의 승과 척을 대전의 규격대로 통일할 것.

열두째, 흠뻑 마시고 취하는 풍조를 금지 단속할 것.

열세째, 소를 함부로 잡아먹는 폐해를 통금할 것. 등을 자세히 말하였다.

2월에는 바야흐로 거듭 흉년이 들어 부안사람 신종제가 기아를 참지 못하여 얼음을 쪼개고 물속에 투신자살하였다는 도백의 장계를 듣고, 선생이 글을 임금에게 올려 해당 현관에게 민정을 시찰하지 아니한 죄를 물어서 종제의 원통한 넋을 조위하도록 요청하였다. 이어 주자가 지방관으로 있을 때 흉년에는 간단한 수레나, 도보로 심산궁곡까지 다니면서 백성의 형편을 살피지 아니한 집이 없었던 실례를 인용하여 조정에 단단히 타일러서 지방관은 몸소 주린 백성을 찾아가서 병고를 살피도록 명령할 것을 요청하였다. 또한 효종대왕의 사당을 높여 세실로 하자고 하여 실행되었다.

숙종 9년 3월에 관직을 모두 내놓고 사임사하니 봉조하가 되기를 간절하게 요구하므로 비로소 허락을 얻어 우유자재하며 문을 걸어 잠그고 독서를 하면서 절의를 헐뜯거나 도학을 업수이 여긴 학자를 맹공하여 이 땅에 절의를 부식하고 도학을 천명하는데 진력하였다. 숙종 13년 정월에는 특별히 유서를 받고 상소하여 사설을 물리치고, 피사를 거절하며, 성현을 높이고, 도의를 호위해야 된다고 진정하였다.

숙종 15년(서기 1689) 정월에 숙종은 숙원장씨를 총애하여 그가 낳은 지 겨우 서너달 되는 왕자를 갑자기 원자로 봉하여 장씨를 희빈으로 봉하고 나서 이에 이의가 있는 사람은 벼슬을 내놓고 물러가라고 엄명하였다. 이에 선생은 즉시 상소를 올려 민비가 아직 나이 젊으니 뒷날을 기다려봐야하고, 또한 열 살도 안 되는 왕자를 세자로 책봉하는 것은 너무 성급할 뿐만 아니라, 임금이 아직 건강하니 국가의 대사를 서두를 필요가 없다고 직간하였다. 이에 임금의 노여움을 받아 3월에 제주도에 유배되어 위리안치되었으나, 선생은 떳떳하게 유배길을 나서면서 말하기를 나는 책임을 다했다. 죽고 사는 것은 천명이다. 라고 하였다.

변덕무상한 숙종은 장희빈에게 빠져 바로 4월 23일 왕비 민중전의 생일에 국모폐출을 명령하고, 선생을 사형에 처한다는 의논을 받아들이려 하였다. 이에 온 집안사람이 경황하여 통곡하였으나 선생은 빙그레 웃으시면서 별달리 생각함이 없이 말하기를 "나는 이 몸으로 이 시대 사람들과 함께 산지가 벌써 오래 되었다." 라고 하면서 책보는 것을 그치지 않았다. 중외의 유생 수 백명이 선생과 중전을 위하여 대궐 앞에서 통곡하고, 문인이 계속하여 상소하면서 억울함을 진정하였으나, 모두 변방으로 유배 갔다. 5월 4일에 국모는 폐출을 당하여 안국방 친정으로 나갔고, 6월에 선생을 불러다가 국문하라는 명령이 내려옴으로 제주를 출발하여 정읍에 이르니 6월8일 진시에 또다시 현재의 위치에서 사약을 받으라는 명령이 내려왔다.

이때 선생은 이미 병세가 위태하였는데 조정에 있는 흉악한 무리들이 혹시나 선생이 도중에 운절하여 국문할 때까지 기다릴 수가 없는 것을 두려워하여, 급속히 사사하라고 극청하니, 임금도 즉시 허락한 것이다. 선생은 속히 사약을 가져오라고 재촉하였는데, 이때 자손과 문인들 몇 사람이 달려 들어가 본즉 선생의 기력이 이미 돌아갈 듯한데 눈을 뜨고 권상하를 보며 손을 잡고 말하기를 "나는 항상 아침에 도를 들으면 저녁에 죽어도 좋다는 신념으로 살았으나 올해 내 나이 80을 넘었는데도 마침내 도를 들은 바 없이 죽으니 이것은 나의 유한이다. 이러한 시대는 사는 것이 죽는 것만도 못한 세상이니, 나는 곧 웃음을 머금고 땅속으로 들어갈 터이니, 이 뒤로는 오직 그대들이 도를 이루기 바라노라."라고 하시고는 이어서 말하기를 "학문은 마땅히 주자를 주체로 하고, 사업은 효종이 하고자한 뜻을 주장해야 한다. 우리나라는 국토가 작고, 국력이 미약하여 비록 해야 될 바를 다 할 수는 없지만 항상 고통을 참고, 원한을 머금어 절통하여 어쩔 수 없이 오랑캐의 만청에 굴복한다는 「忍痛含怨 迫不得已」의 여덟 글자를 가슴속에 간직하여 동지들에게 전수해서 복수하고 설치한날까지 잃어버리지 말라"고 당부하고 또 이어서 말하기를 "주자의 학문은 지식을 이루어 천리를 보존하고(致知存養), 실천을 잘하여 기운을 내는것, (實踐擴充)인데 敬이 종시에 관통되는 것이다. 이것은 면제가 엮은 주자행장에 상세히 말하였다."고 부탁하고 이어 마지막으로 말하기를 "천지가 만물을 생성하는 원리나, 성인이 만사에 감응하는 원리가 直일뿐이니, 공맹이래 서로 전달해준 진리가 오직 이 하나의 直자이므로, 주자가 임종에 문인에게 알으켜준 것도 또한 이 것을 벗어나지 않았던 것이다."라고 유훈하고 조용히 사약을 마시고 서거하였다.

선생의 80년 독서생활은 한 책의 춘추였는바 춘추의 3대사상인 도덕정신, 문화의식, 민본주의를 구현하려는 화신이었다. 그러므로 선생의 손길이 미친 곳엔 반드시 임금을 정도로 섬기고, 백성을 정의로 가르쳐 나라에 도의의 표준을 세웠으니, 천도를 보존하고, 인륜을 붙잡아 세우며, 국체를 확립하고, 생민을 구제하는데 추호도 머뭇거리거나 굽힘이 없었다.

삼전도의 굴욕으로 국가의 원기가 끊어지고 국민의 생기가 사라진 허탈과 절망의 시대에 관리의 임기를 늘이고, 병제를 개혁하여 군비를 갖추워서 北伐정책을 수립하였고, 태조에게 휘호를 주어 국위를 빛내게 하여 임금을 큰 뜻으로서 면려하며, 백성을 대의로서 격려하여, 조국의 원기를 소생시키고, 민족의 생기를 되찾게 하며, 청나라 연호를 쓰지 말고 무역도 금하게 하여 우리나라의 주체성을 찾아 민족정기를 크게 발휘시켰다. 또한 국가의 본의를 밝혀 어디서나 관권보다는 민권을 높이려는데 항상 앞장서서 왕실의 권력남용과 각 궁가의 법제를 벗어난 행위를 억제하였고, 민생고를 외면한 관리의 처벌을 주장하였으며, 도량형기의 정제로 관리의 횡포를 막으려하였고, 교관을 별설하여 국민교육에 힘썼으며, 인도주의를 밝혀 가마타기를 거부하였다.

특히 어머니가 良人일때는 그 자식도 양인이 되는 법을 시행토록 하여 여권을 신장하고 동시에 천인을 해방 시켰으니 이는 율곡선생이 주장하여 시행한 아버지가 양인일 때 그 자식을 양인이 되게 하였던 법과 더불어 2대 賤人해방의 쾌사이었으며, 국가적으로도 인재배출의 문호를 넓혔다. 특히 인륜예의를 중시하여 비록 적은 일이라도 대수롭게 넘김이 없었으니, 신덕왕후 강씨묘인 정릉이 왕자의 난 이후로 폐묘가 되었던 것을 근 300년 만에 복권시켜 지하의 혼을 달래주었고, 충의와 공신의 자손을 모두 찾아내 거두어 보살피게하여 그 영혼을 위로하고 아울러 절의정신을 고취하였으며, 동성의 혼인을 금하여 문명한 사회를 건설하였으며, 구중궁궐 속에서 외로이 밀려나는 민중전을 위하여 죽음을 두려워 아니하고 직간하였던 것이 모두 춘추대의를 세우려는 끊임없는 정충혈성으로서 우리나라 반만년 역사뿐만 아니라 인류역사위에 찬연한 광채를 높이 밝혀 놓았다.

그러므로 대의는 숨길 수 없어 마침내 숙종 20년에 복관치제하고, 다음해엔 시장을 제수하는 특명을 내려 문정의 시호를 드렸다. 영조 32년에 문묘에 종사하였고, 정조 9년에 대로사원을 건립하여 선생을 추모하였으며, 그 3년 뒤에 송자대전 102책이 간행되었다.

제2절 학문과 도덕

(1) 독 서

사람이 진리를 탐구하는 방법은 학문으로 사물의 지식을 넓히고, 사변으로 사람의 지각을 높이며, 篤行으로 인격을 굳게 확립하는 길인데 공부자는 "군자가 문학가운데서 널리 배우고, 그것을 예로 집약하면, 또한 도에 어긋나지 아니할진저."라고 하여 독서학습으로 도에 들어가는 법문을 교시하였다. 또한 안자에게 일러 말하기를 "자기의 사욕을 극복하고 천리의 심성으로 복귀함이 인함이니, 하루라도 사욕을 버리고 양심을 돌이키면 천하가 仁으로 돌아가리니, 인하는 것이 자신을 말이암을지니, 남을 말미암을까 보냐."라고 하여 자체사변으로 인하는 법문을 교시하였다. 이에 세속의 학자들은 독서학습으로 입도하는 법문을 범범하야 지리우활하다고 싫증을 내고, 자체사변으로 인하는 법문을 절실하야 직절간편하다고 좋아하지만 이것은 공부자의 가르침을 오해하고, 학문의 정도를 착각한 것이다. 안자는 비록 자체사변으로 인하는 가르침을 직접 받았지만 안자가 학문을 하였던 길은 博文約禮의 독서 학습하는 법문이었다.

안연은 공부자의 도가 가장 고원한 이상주의로 절대 불변하는 진리요, 가장 비근한 현실에서의 의리라고 감탄하고, 이어 말하기를 "부자는 차례차례로 사람을 잘 이끌어 올리셔서 나를 문리로서 넓혀주시고, 나를 예로서 집약하여 주시니 그만 둘려고 해도 할 수 없어서 이미 나의 재주를 다하니, 부자의 서신바가 우뚝한 것이 보인지라 따라가고자 하였지만 말미암지 못하겠도다."라 간절히 공부자의 교육방법과 자기의 학문절차를 말하였는데, 이것은 안연의 박문약례의 독서학습의 범문을 통하여 극기복례의 자체사변의 법문에 들어가는 과정을 말하고 있는 것이다.

사계의 학자가 이 길을 알지 못하면 공부자가 경계한 밤낮으로 생각하여도 무익하여, 배우는 것만 같지 못하고, 사색만 하고 배우지 아니하면 위태롭다는 곳으로 들어가게 되는 것이다. 그러므로 주자는 독서격물을 경시한 육상산을 통렬히 끊어 버리고, 자체성의를 홀시한 소동파를 맹렬히 배격하므로서 성문에 들어가는 길을 천하에 확연히 열어 놓았다. 선생의 학문은 주자의 적통을 이어 받아 털끝만치라도 어그러짐이 없었는데 항상 말하기를 "성인을 어찌 갑자기 배우겠는가, 다만 차례차례 배워 나가면 자연히 이르러 가는 것이다."라고 하여 학문의 졸속이나 엽등을 엄금하고, 공부의 방법을 다음과 같이 말하였다.

"학문의 길은 네 가지가 있는데 사물의 이치를 연구하여 지성을 높이는 것 즉 格致공부와, 양심을 보존하여 인간성을 기르는 것 즉 存養공부와, 지난 일을 반성하고 올일을 살피는 것, 즉 省察공부와, 마땅히 할일을 힘써 실천하는 것 즉 力行공부이다. 주자의 말씀에 학문의 길은 격치보다 앞선 것이 없고, 격치의 요강은 또한 독서에 있으며 독서의 요체는 또한 본심을 간직하는데 있다고 하였다."① (주자대전 부록권 14어록) 이와 같이 독서학습의 길을 중요시한 까닭에 선생은 일찌기 읽지 아니한 글이 없었으니 그 책을 읽고 스스로 깨달아 나아간 점을 다음과 같이 말하였다. "나는 家禮와 소학을 읽고 몸을 검속하였으며, 心經과 근사록을 읽고는 의리를 알았으며, 4서5경은 평생 동안 짊어지고 다니면서 읽어서 남겨둔 대목이 없었다. 문인 임방이 일찌기 말하기를 제가 화양에 유학할 때 수10일을 뫼시고 자게 되었는바 저녁마다 보면 주역, 상서, 맹,자 대학, 논어,

중용을 가져다가 송독 하시는데 모두 다 읽으면 다시 시작하시었다. 이때에 독서를 얼마나 하시었습니까? 라고 물으니 선생이 말씀하시기를 세간에 독서 많이 하기로는 나와 같은 이가 없을 것이다. 세상에 전해 오기로는 노온제가 다독했다 고 하나 독서한 것이 겨우 적거한 19년뿐이었는데, 나는 젊어서부터 늙을 때까지 독서하지 않은 날이 없이 오늘에 이르렀으니 즉 고금에 나처럼 글 많이 읽은 사람은 없는것 같다." ②(수재만록 임방찬)라고 하여 독서로 일관된 생애임을 밝혔다.

독서의 필요성과 효과를 또 다음과 같이 말하였는데, "선생이 말하기를 사람들은 주역이 읽기가 어렵다고 한다. 그러나 중용처럼 어렵지는 않고, 내 생각에는 중용도 오히려 맹자의 호연장보다 더 어렵지는 아니하다. 나는 이 장에 대하여 어려서부터 가장 많이 읽었지만 아득하여 깨달을 수가 없었는데, 이제 늙어서야 비로소 개요를 터득하였다." ③(송자대전 부록14어록)라고 하였다.

선생의 학문은 호언지기를 기르는데 전공하였는데 일찌기 말하기를 "나는 14살 때에 맹자를 읽기 시작하여 17살에는 문을 닫고 들어앉아 오류백 번 읽고 나서 이로부터 늙을 때까지 밤낮으로 쉬지 않았다."라고 하였으니 대개 호연장공부가 70여년된 것이다.

유학은 궁극적으로 기질을 변화하는 공부인데, 하늘이 사람을 낼 때 모든 사람에게 다같이 인의예지의 인간성을 부여하였으나, 다만 타고난 기질의 청탁 수박이 고르지 못하여 사람마다 타고난 본성을 온전히 들어내지 못한 것이다. 그러므로 학문을 통하여 혼탁한 기를 청명한 기로 변화시키고, 잡박한 질을 순수한 질로 변화시키면, 기질이 청명순수하야 혼암박약한 재능이 문득 총명예지하게 되어, 스스로 천성의 온전한 덕을 남김없이 밝혀서, 마침내 관유온유한 인애심과 발강강의한 의기와 제장중정한 예절과 문리밀찰한 지각이 자연히 한몸에 갖추게 되고, 사물의 중정을 이루므로서, 심성의 중화와 도덕의 중용에 도달할 수 있는 것이다. 이와 같이 聖學은 사람마다 서로 다른 재질을 도야하여 혼약한 재질을 강명한 기질로 변화시켜서 사람마다 서로 같은 균선무악한 인간성을 온전히 발휘시키는 것인데, 맹자는 기질변화공부로 호연지기를 길러야 한다고 말하였으며, 또 자사는 중용에서 중화공부로 지성과 인덕과 용기를 갖추어 중용의 도를 닦아야 한다고 하였다. 그러나 중화공부도 먼저 기질변화공부가 수반되어야 하는 까닭에 선생은 호연장을 전공하는 것이 斯文의 正路임을 일찌기 간과하였다.

호연지기공부는 언어의 논리를 알아서 도의의 선행을 쌓으며, 의리의 용기를 길러서 마음과 뜻이 흔들리지 않도록 하는 것이 그 요령이다. 이런 까닭으로 언어의 논리를 알려(知言)고 하면 마땅히 천하의 말을 모두 연구하여 그 시비와 득실을 알 수 있어야하고, 말의 시비득실을 알려고 하면, 사물의 이치를 탐구하여 자기의 지성을 높여야 하며, 물리를 알고 지성을 개발하려면 당연히 글을 읽어 마음을 간직 하는 것으로부터 착수해야 하는 것이다. 그러므로 선생의 80년 독서야 말로 천리에 밝으려는 노력이었다. 또한 도의의 용기를 기르려(養氣)고 하면 마땅히 생각을 성실히 하고, 마음을 바르게 간직할 수 있어야 하며, 생각이 성실하고 마음이 바르려면 놓아버린 마음을 찾아 들이고, 고요하고 맑은 밤중의 화평한 기체를 하루 종일 간직하는 것으로 시작해야 하는 것이다. 그러므로 선생이 평생에 밥먹을 때가 아니면 물을 마시지 아니하였던 것도 성실하게 마음을 간직하여 人欲을 막으려는 수양이었다.

선생은 호연장질의에서 말하기를 "진리가 무궁하므로 正氣도 또한 무궁하니, 사람의 마음은 이것을 얻어서 마음이 되었다. 그러므로 그 마음의 본체가 광대무궁하고, 그 마음에서 생긴 바의 호연한 기도 광대무궁하나니 다만 천지의 사이에만 충만한 것이 아니라 비록 천지의 밖이라도 포용하지 아니한 바가 없는데 이것이 저 호연지기의 실체이다."④(송자대전 권130 잡저)라고 말하여 호연지기의 실체를 밝히고 이어 이것을 공부하는 차례를 다음과 같이 말하였다. "대학으로 말하면 지언이란 격물치지의 일이요, 양기란 성의정심의 일인데 이러한 학문을 말미암아서 왕하고 제후 하는 것이 치국평천하의 일이다." ⑤(송자대전 권130 잡저)라고 하였고 또 말하길 "지언공부란, 이치를 연구하는 궁리인데 사물의 진리를 남김없이 연구하면 반드시 의가 본성임을 알아서 도의의 선행을 쌓아 의리의 용기를 기르게 될 것이다." ⑥(송자대전 권130 잡저)라고 하였으니 이는 호연지기를 기르는 공부방법인데 곧 궁리, 지언과 존심, 양기를 말한 것이다. 그런데 궁리하여 존심하는 길은 독서보다 좋은 것이 없으므로 독서가 지언, 양기하는 공부의 방법이 되는 것이다.

독서는 비단 이치를 연구할 뿐만이 아니라, 또한 흩어진 마음을 수습함으로 성학은 어쩔 수 없이 독서로 시작하는 것이다. 그런 까닭에 선생은 말하기를 "독서를 전념하여 한결같이 해서 그 정밀한데 이르는 것이 흩어진 마음을 수습하는 큰 방법이다. 이미 흩어진 마음을 수습하였으면 지식을 이루는 공부는 벌써 그 가운데 있다. 그러므로 자하가 말하기를 학문을 널리하여 뜻을 돈독히 하고, 질문을 독실하게 하여 사유를 비근한 현실에서 하면 仁이 그 가운데 있다고 하였는데, 이미 인을 추구한다고 말하면 지성을 완전히 이룩하는 공부와도 서로 표리가 되는 것이므로 서로 더불어 시종이 되는 것이다" ⑦(송자대전 권131 잡저 간서잡록)라고 하여 격물치지와 성의정심의 공부방법이 둘이 아니요, 仁과 知를 탐구하는 일이 또한 다르지 아니하여 서로서로 표리시종의 관계에 있음을 밝혔다. 결국 이천선생이 말한 "治經은 實學이다"(2정전서 권1, 2선생어록)한 것처럼 독서함양의 학문하는 길이 마침내 물리를 알고, 지각을 개발하여 성실한 주체의 확립과 널리 인덕을 밝히는데 까지 이르러 가는 것임을 뚜렷이 말하여 후학으로 하여금 누구나 쉽게 성현의 학도가 될 수 있는 큰 문호를 활짝 열어놓아 이 나라의 방방곡곡에 글 읽는 소리가 끊이지 않는 문화의 나라를 이룩하게 하였다.

(2) 호연지기

호연지기는 맹자가 밝힌 것으로 인간정신을 이룩하는 元氣인데 맹자는 이를 교시하기를 "나는 말을 알며, 나는 나의 호연지기를 잘 기르노라. 호연지기를 말로 형용하기는 어렵지만 그 기가 무한히 크고 지극히 굳센 것인데 直으로서 길러 해침이 없으면 천지사이에 가득 차니라, 그 기는 의와 하나가 되고 도와 함께 하나니, 이런 정기가 없으면 쭈그러져 버린다. 이 호연지기는 義를 모아서 생기는 것인바 의는 갑자기 모으는 것이 아니니, 행동이 뜻에 맞지 않으면 쭈그러진다. 그러므로 반드시 할일을 두지만 미리 기약하지도 말고, 마음속에 잊지도 말며, 나중에 억지로 조장하지도 말아야 한다. 또 말을 아는 것은 아첨하는 말에 그 가리운바를 알며, 방탕한 말에 그 빠진 바를 알며, 사악한 말에 그 떠난 바를 알며, 숨기는 말에 그 궁한 바를 아나니, 말이란 마음에서 나와 그 정치를 해치고, 그 정치에서 나타나 그 일을 해치나니, 성인이 다시 나와도 반드시 내말을 옳다고 할 것이다."(맹자 공손추상)라고 하였다.

송자는 이 호연장을 깊이 공부하여 널리 경전에서 두루 그 뜻을 모아 체계를 세우고, 程朱의 말을 이끌어 명확한 논리를 전개하여 그 본질을 규명하고 실체를 들어내며, 수양의 방법등을 총정리 하였다. 즉 선생은 호연지기를 공부함에 있어 반드시 대학공부와 아울러 연구하여야 됨을 다음과 같이 말하였다. "격물치지는 대학에 벽초두의 제1공부인데 맹자가 말하는 바 知言은 실로 格致의 일로서 하나의 물리도 남겨둠이 없는 것이다. 맹자는 그 조목의 큰 것을 열거함에 있어서 詖辭의 아첨함을 알 것, 淫辭의 유혹함을 알 것, 邪辭의 헐뜯음을 알 것, 遁辭의 허탕함을 알 것, 등의 네가지 언사뿐이었으니,

이 네 가지 말은 처음에는 성명도덕의 바름을 해치다가, 마침내 국가 생민에게 화가 됨이 홍수나 이적보다도 심하게 되는 것이다. ⑧(송자대전권 131간서잡록)라고 하며 또한 선생은 주자의 교시로 이 말을 논증하여 말하기를 "주자가 말하기를 호연지기를 기르는 데는 두 조항이니 敬으로서 내심을 정직하게 간직하고, 義로서 외모를 방정하게 갖추는 것,"이라고 하였는바 경으로서 내심을 정직하게 간직하는 것은 반드시 하는 일이 있는 것(必有事)이요, 의로서 외모를 방정하게 갖추는 것은 의리의 선행을 쌓는 것(集義)인 까닭이다. 주자는 또 말하기를 바야흐로 이 마음을 간직하면 호연지기가 문득 천지사이에 가득찬다. 라고 하였으니 이것은 주자가 存心으로 養氣의 근본을 삼은 것이니 대개 경으로서 내면을 정직하게 간직하는 것이 의로서 외모를 방정하게 갖추는 것 보다 앞서는 것이다. 그 이치가 진실로 이와 같다면 맹자가 밤중의 청허 화평한 기운을 보존하라고 주장하면서도 또한 마음은 붙잡으면 있고, 버리면 없어지는 것이라는 말로 종결지은 뜻을 또한 알 수 있는 것이다. 그러므로 나는 늘 호연장과 夜氣장을 필수적으로 함께 보고 같이 증험하라고 하는 것이다.

또 주자는 말하기를 마음이 흔들리지 아니함(不動心)은 용감에 있고, 용감은 氣力에 있으며, 기력은 의리의 선행을 쌓는 집의에 있으니, 마음에 잊어버리지도 않고, 억지로 조작함도 없는 것(勿忘勿助長)이 바로 경으로서 집의의 절도이다. 또 주자는 말하기를 호연장은 오로지 지언으로서 주장을 삼았으니, 만약 천하의 언론을 분별 못한다면 스스로는 의라고 생각하는 것이 반드시 의라고 하지 못할 것이며, 스스로 직이라고 하는 것이 반드시 직이라고 하지 못할 것이다. 그러므로 지언을 말하고 또 詖 淫 邪 遁의 네 가지를 말하였으니, 대개 천하의 일이란 다만 옳은 것과 그른 것이 있을 뿐이다. 만약에 옳지 않는 것을 변별해 내면 문득 옳은 것을 알아낼 것이니 오직 밝은 이치를 보아야만 의리의 선행을 쌓을 수 있는 것이다. 의리의 선행을 이미 쌓았다면 문득 스스로 반성할 때에 성실할 터이니 (自反而縮) 다시 더 말할 필요가 없는 것이다. 맹자는 먼저 지언을 말하였는데도 공손추는 지언을 남겨 두었다가 양기 뒤에 묻는 것은 대개 지언은 먼저한 일을 뒤에 통합하는 것이기 때문이니 마치 대학에 正心과 修身이 致知와 格物의 한 귀절을 종합하는 것과 같은 것으로, 대개 이는 공부한 것을 활용하는 起頭處인 것이다. 라고 하였으며 또 그대가 독서를 않고 의리를 찾고자 하여 다만 고요히 앉아 마음만 맑게 하려고 한다면 곧 告子가 의는 밖에 있다고 하는 것과 비슷한 것이다. ⑨(송자대전권 130잡저 주선생어)라고 말한 것을 인용하여 지언과 양기가 궁극적으로 서로 다른 두길이 아니라 이치를 밝혀서 언론을 아는 것과 기력을 길러서 마음을 간직하는 것이 모두 한마음 속의 일임을 분명히 지적하였다.

맹자는 心志가 한결 같으면 氣力을 움직이고, 기력이 한결같으면 심지를 움직인다고 하였는바 심지와 기력이 원래 서로 떨어져 있는 것이 아닌바 곧 理와 氣가 서로 떨어지지 아니한 신묘함이 있다. 선생이 말하기를 "마음은 기의 精爽이다. 그러나 참으로 이 리를 모두 갖추고 있는 까닭으로 마음을 기로 말한 것도 있고, 또한 리로 말한 것도 있다. 오늘날 호연장에서 말하는바 마음은 이미 기를 상대로 해서 말하였으니 마땅히 리로 보아야 한다. 그러나 또한 전혀 기를 떠난 것으로 보면 옳지 못하다."⑩(송자대전 권130 호연장질의)라고 하였고, 또 말하기를 "뜻을 가지는 것은 마음을 움직이지 않으려는 생각이요, 말을 아는 것은 이치를 연구하여 심리를 밝히는 일이니 이것이 부동심하는 근본이다."⑪(송자대전권 102서 답홍허경)라고 하였고 또 마음의 기능에 대하여 종합적으로 다음과 같이 말하였다. "지각을 心의 개념에 귀속한 것은 이제 주자의 일생을 통한 훈설이다. 그가 오회숙에게 답한 글에는 지각을 智의 작용이라고 하였으나, 이것은 앞뒤가 다른 말이 아니다. 무릇 知覺에는 두 가지가 있으니 그 형태가 없는 영묘한 운용이 주리고 배부른 것, 춥고 더운 것을 아는 것은 마음의 작용인데, 이는 주렴계와 정명도가 말하는 바의 지각이요, 일의 당연함을 알고, 이치의 그런 까닭을 깨닫는 것은 智의 작용인데, 이는 정이천이 말하는 바의 지각이다. 이 두 가지 주장이 각각 지적하는 바가 다른지라 섞어서 말하면 안 된다. 대개 心은 氣요 智는 性성이며, 성은 곧 리이다. 기와 리의 둘은 서로 뗄 수도 없고, 섞을 수도 없는 것이라 도의 본체가 무궁하고, 마음이 이 도를 함축한 까닭으로 심의 본체도 또한 무궁하다. 그러므로 도가 태극이요, 심이 태극이라 하는 것이다. ⑪(송자대전권 131 간서잡록)라고 하여 마음을 리로 볼 것인가 기로 볼 것인가의 분분한 학설가운데서 선생은 주자의 논설을 남김없이 궁구하여 마음의 본체는 성이니 곧 리이고, 그 작용은 기이지만 리기가 원래 서로 떨어진 것도 아니요, 서로 섞인 것도 아닌 하나의 도체이므로 마음도 이 도체를 함축한 바에는 하나는 취하고 하나는 버릴 수 없는 점을 분명히 하였을 뿐만 아니라, 智의 작용인 사물의 마땅함을 아는 것과 이치의 소이연을 아는 것만이 중요하다고 할 수 없고, 飢와 飽, 한과 난을 아는 지각도 또한 중대하므로 선생은 明理와 養氣가 모두 한마음을 태극으로 정립하는데 갖추어야만 될 공부임을 뚜렷이 밝히고 있다.

지언이나 양기공부가 모두 내 마음이 도에 통달코자 하는 것인데 만일 마음이 道에 통달하지 못하면, 마음은 마음대로 있고, 도는 도대로 있어서, 이 마음이 마침내 스스로 나아갈 곳을 알지 못할 것이니 어떻게 마음이 흔들리지 아니하고, 기상이 호언할 것인가? 마음이 도에 통달할 때에만 마음의 모든 기능 작용이 언제 어디서나 도에 일치할 수 있는 것이다. 그러므로 마음의 기능과 작용을 세밀히 분석하여 갈고 닦지 아니할 수 없는데, 마음의 기능도 또한 무한하다. 선생은 "알아서 분별하는 것은 마음의 영각이요, 알아서 잊지 않은 것은 마음의 정력이다."⑫(송자대전 부록권15 어록 김간록조)라고 하여 사변력과 기억력을 모두 마음의 기능으로 규정하고, 정신까지도 다음과 같이 마음의 기능으로 포섭한다. "정신도 오히려 기력이다. 고요할 때 오로지 한다는 靜專 두 글자는 주역 계사가운데 있는데 대개 4시로 비유하면 겨울절기는 고요하기를 주장한데 지난 겨울이 춥지 않으면 올해에 일기가 고르지 못함이 필연의 섭리다. 인도도 또한 이와 같은 까닭으로 평시에 모름지기 고요히 하야 오로지 한결 같으면 하는 일이 이에 산란하지 않다. 操約이란 말도 잡은 것이 간약함이요, 敬이란 것도 마음을 붙잡는 공부다. ⑬(송서습유 권9 경연강의)라고 하여 사변력, 기억력, 정신력이 모두 마음의 기능인만큼 마음을 산란하게 하지 말 것을 갈파하였다.

무의식적 情感과 유의식적 사고의 근원적 구조가 동일하지는 않지만, 모두 스스로 純善할수는 없는 것을 또한 지적하였다. "대저 性은 작위가 없는 물이요, 心은 운용하는 물이며, 情은 알지 못하는 사이에 별안간 나와서 사람의 사유를 말미암지 않는 물이며, 意는 따져 헤아려보는 물이다. 그러므로 호씨는 情을 성에 귀속시키고, 意를 심에 귀속시켰으니 이렇게 하는 것은 옳지 않는 것은 아니지만 다만 그 아래에서 말하는바 성이 발하여 情이 될 때에는 그 처음에 선하지 않음이 없다 라고 말한 것은 옳지 못하다. 대개 정은 비록 성에서 발하지만 곧게 나온 것만 선하고 옆으로 나온 것은 악하니 어찌하여 정은 선하지 아니함이 없다고 할까? 심이나 성은 비록 一物이라고 할 수도 있지만 그러나 마음은 그 자체가 기이고, 성은 그 자체가 리이니 어찌해서 피차가 없다고 할까? 情은 性에서 발하고, 意는 情을 인연하야 따져 헤아리는 것이니 어찌해서 앞뒤가 없다고 할까?"⑭(송자대전 권104 답김직경서)라고 선생은 말하여 리와 기, 심과 성, 정과 의, 무의식과 유의식을 조리정연하게 규명하고 마음의 기능구조와 그 작용관계를 밝혔다.

마음의 구조와 관계를 온전히 하기 위하여 선생은 기본적으로 마음을 항상 간직하는 공부가 제일임을 다음과 같이 말하였다.

　"마음이란 형체가 없는 신령한 물건이다. 그러므로 누우면 꿈꾸고, 게으르면 제스스로 돌아다니나니, 마음에 게으른 사람은 알지도 못한 사이에 이미 스스로 달아나 버린다. 옛사람이 말하기를 경각의 사이에 만리밖에서 꺼림 없이 제 맘대로 돌아다닌다고 한 것이 바로 이것인바 이곳에 대하여 착공함이 어렵다고 하겠다. ⑮(송서습유 권9 경연강의)라고 하였고, 또 말하기를 "맹자의 大指는 다만 흩어진 마음을 수습하여 안에 있는 양심을 확대하고 밖에 나간 마음을 거두어들이는 것이다. 맹자의 이 말은 지극히 절실하여 비록 극악한 사람이라도 일찌기 나타남이 없는 것이 아니다."⑯(〃)라고 말하여 성학의 모든 공부가 마침내 본심을 확충하는 것임을 거듭 천명하고, 다음과 같이 심의 본질을 확실히 들어내 천리와 인욕의 정밀한 체찰을 강조하였다. "박광일이 묻기를 주자가 말하는바 마음은 虛靈不昧하다는 령자와 마음은 활발한 물이라고 한 것이 기로한 말 같습니까? 한대 선생이 말하기를, 그렇다. 그러면 기의 물됨이 청탁이 없을 수 없는데 정자가 말하는바 마음은 선하지 아니함이 없다고 한 것은 무엇을 말합니까? 선생이 말하기를 이미 이 천리를 가득하게 채웠으면 선하지 아니함이 없다고 하는 것이 옳을 것이요, 청탁이 없을수 없다면 선과 악이 섞여 있다고 하는 것이 또한 옳을 것이다." ⑰(송자대전 부록권16 어록)

　마음속에는 道心과 人心이 섞여 있는데 도심의 심리는 그 상태와 구조가 일정하지만 인심의 심술은 그 기능과 작용이 무한히 달라 헤아릴 수 없는 바가 있다. 이 두 가지 마음을 분별하여 가려내는 것이 어려운 까닭으로 맹자는 심지와 기질을 아울러 함양하라고 하였으니 곧 천리를 밝히고 정기를 기르는 원리요, 또한 리와 기가 떨어진 것이 아님을 가르쳐 준 것이다. 그러므로 선생이 말하기를, "대개 리에는 精이나 粗가 없는 것이지만, 현상계와 본체계가 간격이 없다.

그러므로 성현의 학문은 안과 밖이 일치하고, 본시와 종말이 같은 길이다. 말이란 마음에서 나온즉 참으로 마음으로 주장을 삼지 않을 수 없지마는 또한 어찌 이 마음만 믿고 말을 신중히 하지 아니할 것인가! 그러므로 공자는 예가 아닌 것은 말하지 않는 것으로 仁하는 덕목을 삼았고, 위대한 주역에서는 언사를 다듬는 것으로서 정성을 확립하는 요강을 삼았으며, 사마온공은 망언을 안함으로서 마음을 다하는 방법으로 삼았다. 그렇다면 말과 마음은 서로 관계하며, 서로 도와주는 원리가 어찌 아니겠는가! 心志는 기력의 將帥가 된즉 참으로 굳게 가지지 아니할 수 없지만, 그러나 기력도 그 기르는 것을 잃어버리면 도리어 심지를 해친다. 그래서 옛날의 성현이 일찌기 여기에 삼가함을 다하지 아니함이 없었다. ⑱(송자대전권130 잡저 호연장질의) 라고 하였다.

본체의 진리를 들어내는 것은 바로 현상의 氣이므로 "태극(理)은 음양(氣)의 주체이지만 도리어 음양의 운용하는 바가 된다. 무릇 태극과 음양에서 생긴 것은 모두 그렇지 아니함이 없는 까닭으로 기가 마음을 움직이는 것과, 그 마음을 도와주는 것이, 다만 기를 길렀느냐 기르지 않았느냐 하는 차이 뿐이다."⑲(〃)라고 선생은 말하여 학문과 교육이 궁극적으로 이치를 밝히는데 있는 것이나, 그 이치를 밝히는 공부방법은 실제적으로 기력을 기르는 것임을 단정함과 동시에 맹자의 본의가 바로 그러함을 다음과 같이 밝혔다.

"맹자가 호연장에서 마음으로 주장(不動心)을 삼으면서 말(知言)과 기(養氣)를 그 사이에 골자로 엮어 말한 것은 내외와 본말을 전부 밝히려고 한 것이다. 그러나 기에 대하여는 상세하면서도, 말에 대하여는 소략한 것은 대개 용감을 기르는 것이나 마음이 흔들리지 않는 것이, 모두 기력에 주도됨으로 이에 특별히 상론하였다."⑳(〃)라고 하였고, 또 주자의 견해를 인용하여 양기의 중요성을 대결론 내렸다. "주자가 말하기를 마음이 주재하는바 있으면 기가 나아가는 곳에 자연히 막힘이 없지만 그 마음만 있고 그 기력이 없으면 비록 충분한 도리라도 또한 감히 하지 못한다." ㉑(송자대전권 130 주선생어) 라고 하였다.

호연지기는 막힘이 없는 무한한 정기인데 우주가 이 정기를 바탕으로 유구히 유지되고, 만물은 이 정기에 의하여 생존하며, 사람도 정기가 있으므로 도덕사회를 이룩하는 것이다. 그러므로 호연한 정기는 담일청허한 원기로서 절대적으로 크고 강한 본래의 태허의 기다. 그러므로 호연지기가 있는 사람은 천만인 앞이라도 두려워하지 아니하며, 의기가 천하에 가득 차며, 천하를 두어 제후들의 조하를 받을 수 있는 웅대한 규모가 있다.

맹자는 인간교육의 원리로 호연지기를 기르는 방법을 처음으로 교시하였는데, 先儒는 말하기를 맹자가 호연지기를 발명한 공로는 우임금이 홍수를 다스렸던 업적에 못지않다고 하면서 불요불굴의 의기를 기르는 공부를 매우 중요시 하였던 것이다.

선생은 우리나라에서 누구보다도 호연지기를 기르는 공부를 강조하고 스스로 그 학문을 완성함으로서 이 땅에 불요 불굴하는 강대한 의기를 가득 차게 해서 마침내 춘추대의를 빛나게 하였다. 선생은 호연지기의 실체에 대하여 주자의 말을 이끌어 다음과 같이 밝혔다. "주자가 말하기를 사람의 기품은 본래 호연한데 사람 스스로가 그것을 파괴당한 것이나 이제 의리의 선행을 쌓으면 금방 생겨난 것이다." ㉒(송자대전권 130 주선생어)라고 밝히고 또다시 선생은 "주자가 말하기를 반드시 하는 일이 있으나 미리 기약하지 말 것은 곧 天命이 流行하는 경지인데 대개 미리 기약한 것은 私意이다. 이미 사사로운 의식이 없으면 천리가 자연히 유행하나니 이것이 程子의 소리개는 하늘에 날고, 고기는 연못에 뛴다는 설법이다." ㉓(송자대전권 130호연장 질의)라고 말하였다.

호연지기의 실체는 천지인물의 본래 원기로서 타고난 품질이지만 사람이 스스로 방심하거나 사욕을 가지므로서 저 호연한 기품을 파괴하게 되는 것이다. 그래서 맹자는 이를 다시 기르기 위해서는 의리의 선행을 쌓아 기력을 길러서 마침내 도의와 배합되어야 한다고 하였는데 그렇다면 처음에 의리의 선행을 쌓는 구체적인 실천방책이 무엇인가, 선생은 말하기를 "맹자가 直으로서 기른다고 한 것은 도로서 배양한다는 말이다. 무릇 호연지기는 처음부터 끝까지 모두 도의에서 생기지만 배양을 이미 완성하면 이 기가 도리어 도의를 붙잡아 도와준다. 마치 초목이 처음에는 뿌리에서 생장하지만 그 가지와 잎이 우거지면 진액이 도리어 그 뿌리로 흘러가서 그 뿌리를 또한 깊게 자라게 한 것과 같은 것이다. 그 근본원리로 말하면 음양의 기가 태극의 리에서 생기지만 그 음양이 이미 생장되는데 미쳐서는 도리어 태극을 운용하여 만화가 생긴다. 크고 작은 일은 다르지만 그 원리는 동일한 것이다." ㉔(〃)라고 하였다.

道心의 정직한 발로가 그 구체적 실천방책임을 밝히고 선생 스스로 일생동안 直字의 要訣을 간직하였는데 그 중요성을 다음과 같이 밝혔다. "사계선생의 학문은 오로지 確의 한 글자에서 나오는데 늘 直의 한글자로 마음을 작정하여 세우는 요령으로 삼았다. 이 직자는 주자가 임종할 때에 문인에게 유훈한 短方인데 그 말을 보면 천지가 만물을 생성하는 원리와 성인이 만사에 감응하는 원칙이 直일 따름이다. 라고 하였는데, 그 설법은 대개 공자의 사람이 사는 것은 直이다 라는 말과, 맹자의 호연지기를 기름에 직으로 길러 해침이 없으면 천지에 가득하다는 말에서 근원하였다. 그러므로 나는 사계선생에게서 일찌기 조금도 우물쭈물 하는 언행을 본 일이 없다." ㉕ (송자대전권 131 잡저 간서잡록)라고 하였다.

直은 천리의 순수한 발로로서 氣를 기르는 근본인데, 사람에게 있어서 천리의 본연한 모습이요, 동시에 마음에 갖추고 있는 진실이다. 따라서 마음속에 邪妄이 없어야만 가슴속에 직이 있을 수 있는 것이다. 그러므로 공자는 굳세고, 의젓하며, 질박하고, 눌언함이 仁에 가깝다고 하였으니, 대개 이것이 사망함이 없는 직의 모습이라고 하겠다.

마음속에 사망함이 없게 하는 길이 곧 의리의 선행을 쌓는 직의 방법인 까닭에, 선생은 또 그 방법을 다음과 같이 말하였다. "物은 금수와 같은 본능이요 마음은 활동하는 물이니 움직이지 아니할 수 없는지라, 움직이는 가운데 고요함을 간직하여야 한다. 라는 말은 병통이 될듯하다. 정자가 말하는바 움직이고, 고요함이 동시가 아니다. (動靜不同時)라고 하였는데, 여기에서는 움직이는 때에 고요함이 있다라고 하였는 즉 어찌 병통이 아닐까? 동정을 서로 관계를 맺어 상대적으로 말하면서, 사악한 생각이나 부박한 관념은 움직이는 곳에서만 만난다고 하는 것도 참으로 이렇게 말하는 것은 온당치 못하다. 붙잡으면 있고, 버리면 없다는 말은 공자의 말인데 마음이 참으로 없다는 것이 아니라 특별히 붙잡으면 있고, 버리면 없어진다는 말일 뿐이다.라고 하고 또 말하기를 虛는 물욕이 없다는 말이다. 마음에 물욕이 없는 까닭으로 허라고 하며, 實은 망령이 없다는 말이다. 일이 모두 망령되지 아니한 까닭으로 실이라고 하는데, 이는 두 가지 일이 아니요, 敬하면 사욕이 적어지고 천리가 밝아져서, 靜이 허하고, 動이 直하는데 이르러 성인을 배울 수 있는 것이다. ㉖(송자습유 권9 경연강의)라고 하여 선생은 心法에서 動中靜, 靜中動하야 動靜의 공부를 섞어 버리는 것이 잘못이라고 비판하고, 동과 정의 공부를 나누어서 정할 때는 사악을 제거하는 허를 공부하고, 동할 때는 경망을 쫓아내는 실을 공부하여, 동해서 정하고, 정해서 동하는 動而靜, 靜而動의 敬공부를 교시하였다.

세속의 학자들이 정할 때는 누구나 본심을 가지고 있는 것이요, 다만 동할 때에만 사망함을 접하는 것으로 알고 있으나, 선생은 외적인 정만으로는 내심의 無欲상태가 이루어질 수 없는 까닭에 외적으로 靜하였다 하여도, 내심의 무욕공부가 있어야만 마침내 虛의 경지에 도달할 수 있다는 사실을 분명히 밝혔다. 그러므로 동시에 이 마음을 성찰하는 것도 중요하거니와 靜時에 이 마음의 양심을 함양하는 것이 또한 중대한 것인데 그 까닭을 주역의 원리로 인용하여 밝혔다.

주역계사에서 "한번 음하고, 한번 양하는 변화의 원리를 道라하고, 그 도를 계승 유행하는 것을 善이라 하여, 그 선을 온전히 완성하는 것을 性이라고 한다."라고 하였는데 선생은 이 말을 다음과 같이 해설하여 본성도 함양하지 않으면 마침내 선하지 만은 않게 됨을 경고하였다. "대개 도를 계승한다는 말은 천도가 유행하는 시초요, 선을 온전히 완성한다는 말은 개체의 기질이 형성된 뒤에다. 천도가 유행하는 시초에는 선하지 아니함이 없지마는 개체의 기질이 형성된 뒤에는 바야흐로 선과 악이 있는 것이다.

그러나 천도가 유행하는 선도 개체의 性이 이루어지는 범위를 벗어나지는 못한 까닭으로 본성이 感發하는 곳에서 천도가 유행하는 선을 볼수가 있는 것이다."㉗(송자대전 부록권16)

天性은 비록 천리를 지적하여 말하는 것이지만 인간개체가 그 천리를 받아 개체의 성으로 감발할 때에는 곧 형성된 기질의 운용발동이다. 즉 발동하는 것은 기이고 발동하는 원리는 리인 까닭에, 선악이 있는 기를 타고 발동하는 개체의 성은 마침내 선악이 있으므로, 의리의 선행을 쌓아 호연지기를 기르려는 사람은 반드시 행동할 때에는 省察공부를 하여야 될 뿐만 아니라 또한 정지할 때에도 涵養공부를 늦추어서는 안 됨을 말하였다.

(3) 中　和

마음이 흔들리지 아니한 호연한 정기가 자기의 정직을 말미암아 길러진 까닭에, 명확한 자기의 정직을 기르기 위하여는 스스로 반성할 때 정직하다는 확신이 있어야 할 뿐만 아니라 그것을 행동한 뒤에도 자기 마음에 꺼림직 함이 없어야 된다. 그렇다면 스스로 반성할 때 정직하다는 확신이 있으려면, 지성과 인덕과 용기를 갖추어 천성을 순수하게 함양하여야만 강명정대한 자신이 설수 있는 것이요, 또 행동한 뒤에 자기 마음에 꺼림직 함이 없으려면 그 행동한 것이 때와 장소와 자기 분수에 한 치의 어그러짐도 없이 알 맞는 것이라야만 하는 것이다.

斯學에서는 知識과 仁德과 勇氣를 갖추어 본성을 온전하게 간직한 형상을 中이라 하고, 그 순수한 본성이 발로하여 때와 장소와 신분에 알맞게 나타나는 현상을 和라고 한다. 이 中과 和의 개념은 中庸에서 그 전체와 大用을 다음과 같이 밝혀 말하기를 "희노애락의 감정이 발동하기 이전(未發)을 중이라 하고 발동하여 모두 절도에 적중하는 것을 화라고 하니 중은 천하의 대본이요, 화는 천하의 보편적 최고의 도이다."라고 하였는데 감정이 발동하지 아니할 때에 中의 大本이 서야만 화의 보편적 최고의 도가 이루어 질수 있음은 분명히 알수 있는 바이나, 중의 상태가 어떠한 것인가는 알기 어려운 바가 있다. 만일 旣發과 未發을 유의식의 동과 무의식의 정으로 나누어서, 미발은 靜時요 기발은 動時라고 한다면 간단할 것 같으나, 정시라고 해도 무의식적인 상념이나 감정이 발동한다면 이것은 미발인 중의 상태라고 할 수 없다.

주역계사에서 "無念 無思하야 寂然不動하야 感而遂通天下之故"라고 하였는바 부동을 곧 정이라고 할 수 있지만, 정에서 곧 천하의 理를 감통하는 것이 아니라, 일체의 사념이 없는 적연한 정이라야 됨을 알아야 할 것이다. 대개 靜하여야 바르게 느낄 수 있는 것이요, 寂하여야 모두 통할 수 있는 것이다. 그러므로 정시에도 사망을 제거하기 위하여 敬으로 함양하는 공부가 필요한 것이다.

선생은 정이 곧 미발의 중이 아님을 다음과 같이 말하였다. "희노애락이 발동하지 않았다(未發)는 것은 환해서 어지럽지 아니한 때요, 정이란 움직인 나머지 이다. 그러므로 미발이라고 말할 수가 없다.

어떻게 그것을 증명할까, 사람이 잠을잘때 어떤 감촉이 있으면 이는 움직이던 나머지인 까닭으로 마음은 더욱 어두어져서 꿈결처럼 뒤바뀌는 것이다. 대개 外物에 감촉한바 없는 것을 정이라 말하면 옳지만, 꿈처럼 뒤바뀌고 있는 상태를 미발이라고 하면 옳지 못하다." ㉘ (송자대전 부록권 16 잡저 박광록) 靜이 곧 中이 아님은 動이 곧 和가 아님과 같은 것인데, 대개 動靜은 天道가 流行하는 발전법칙이요, 中和는 人性이 감발하는 感應원칙이다. 그러므로 사람은 동정의 원리를 온전히 갖추는 것이 중이요, 동정함이 법칙에 맞는 것이 화이다. 따라서 천도에는 동정의 幾微가 있고 사람의 마음에는 선악의 幾微가 있는바 이 두 기미는 서로 다르다. 동이나 정의 기미를 반드시 통제할 필요는 없으나, 선의 기미는 반드시 간직하여 기르고, 악의 기미는 반드시 뿌리를 뽑아 없애야만 한다. 물론 중화는 선악으로 나뉘어 질수 있는 인심의 작용이 아니라, 순선무악한 본성의 감응법칙이라고 하더라도, 사람의 지각은 知의 작용과 心의 작용이 함께 나타나는 것이므로, 지식을 갖추지 아니하고서는 지의 작용이 심의 작용보다 앞서기를 기대할 수 없는 것이다.

순선무악한 智의 지각이 곧 중용의 도임을 알고 있으면서도 선왕은 선악으로 나누어질 수 있는 심의 지각을 정밀하게 살펴서 한결같이 선심을 보존하는 것이 또한 중용의 도를 할 수 있는 길이라고 밝혔다. 이와 같이 중화는 동이나 정의 공부만으로 이루어지는 것이 아니라, 정해서 감정의 미발상태에 들어가고, 동해서 감정이 화평관계가 이룩되는 공부를 더해야만 되는 것이다.

미발을 함양하는 공부가 쉽지 아니한 까닭으로 발동하는 시초에 반드시 성찰하여 온전한 본성을 간직하여야만 되는데, 선생은 이 사실을 다음과 같이 말하였다. "율곡선생이 말하기를 발동할 때에 기가 이미 작용하였다면 이것은 곧 人心으로, 7情의 선악을 합친 것이다. 그 기가 작용하는 줄을 알아 정밀하게 살펴서 正理로 쫓아가면 인심이 도심의 명령을 듣는 것이다. 그러나 정밀하게 살피지 못하고, 오직 그 나가는 대로 두면 감정이 넘치고 욕망이 불타서 인심은 더욱 위태로운 것이다. 라고 하였는데 기가 작용한다는 말은 율곡이 논한 바이니 바꿀 수 없는 것이다. 그대의 주장은 인심이 발동할 때 理가 주동하고 氣가 작용하지 아니하면 곧 또한 도심이 된다고 말하였는데, 이것은 곡절도 없이 태평 쾌활한데서 병날까 두렵도다. 만일 그렇다면 순임금은 어찌하여 반드시 둘로 나누어서 입론하여 인심으로 하여금 도심과 상대시켰는가? 처음에는 비록 形氣에서 발생하였지만 반드시 도심의 명령을 들은 뒤에야 인심도 바르게 되는 것이다. 그렇다고 하여도 저 인심의 바른 것을 곧 도심이라고 할 것 같으면 다시는 인심이라는 이름이 없어질 것이며, 소위, 인심이란 것은 모두 좋지 않은 마음이 될터인즉 다만 위태할 뿐만도 아닐 것이다. 그러므로 인심도 또한 도심이란 논설은 특별히 先儒가 순임금의 말밖에 뜻을 발명한 것이니 마땅히 활간해야 할 것이다.

중용서문에서도 말하기를 비록 上智라도 인심이 없을 수 없다고 하였다. 대개 上智의 인심은 본래 안정하여 위태하지 않는 것인데, 만약 이것을 지적하여 도심이라고 할 것 같으면 상지는 마침내 인심이라고 말할 것이 없는 것이다. 그대의 주장은 또 기가 작용할까 말까하는 경계에서 좋지 않는 데로 쉽게 흘러가려고 하는 것이 바야흐로 이에 인심의 본연한 실체라고 하였는데, 이는 다만 말이 잘못되었을 뿐만 아니라 문리도 또한 대단히 뚜렷하지 않다. 대저 눈이 아름다운 색깔을 보고자하고, 귀가 좋은 소리를 듣고자 하는 것이 인심이요, 당연히 하고 싶은 것을 하고 싶어 하는 것은 인심의 본연한 실체이며 마땅히 하고 싶지 않는 데로 흘러가는 것이 人欲이다. 따라서 人心은 쉽게 人欲으로 흘러간다고 하면 옳지만 장차 흘러가려고 하는 것을 지적하여 인심의 본연한 실체라고 하면 크게 옳지 않은 것이니, 오직 인욕만이 쉽게 흘러가는 것이다." ㉘(송자대전104서 답이군보)

인심과 도심이 모두 기가 발동한 것이요, 性理는 스스로 발로할 수는 없고, 오직 기가 감발하여 인정이 나타나는 까닭에 性理나 心理를 온전히 체득하기 위하여는 이와 같이 세밀하게 연구 분석 하지 않으면 안 된다. 만일 이 공부에 치밀하지 못하여 氣質을 性理로 오인하고, 心術을 心理로 착각하여, 기질의 평정을 중이라고 망상하며, 심술의 무의식을 도심 이라고 사념하면 결코 중용의 도에 들어 갈수는 없는 것이다.

선생은 도체를 정립함에 있어서 다음과 같이 實事求是의 방법을 가르쳤다. "옛날 주자는 모든 일에서 옳은 것을 추구하는 것(凡事求是)이 格物致知의 요령이다 라고 하였는데, 이 말은 마땅히 깊이 체찰하여야 될 것이며, 또한 誠意에 대한 논설에 이르러서는 선을 좋아하고 악을 미워하는 것이 그 實事라고 하였는바, 임금이 안으로 마음이나 몸주변으로 부터 밖으로 사람을 쓰고 일을 처리하는 데에 이르기까지 여기에 힘쓰지 아니함이 없을 것 같으면 정치를 하는데 무슨 어려움이 있으리오, 소위 마음을 바르게 한다는 것도 또한 心體로 하여금 담연히 虛明하게 하여 편벽이나 依附나 분란이나 요동이 없는 것이라고 말하였는바, 대저 사람 마음의 본체는 격물치지의 공부를 한 뒤에 밝혀지는 것이요, 좋아하고, 미워함도 성의공부를 한 뒤에 밝게 판별되는 것이지만 그러나 마음이 맑아 사욕이 없고 신명하지 않으면 쉽게 사물에 흔들리게 되고 이어서 혼미하게 되어 버리므로 도리어 그 좋아하고 싫어하는 바른 기준을 잃어버려서, 치우치고 뒤집어진 자질구레하고 번잡한 일들이 장차 이르지 않음이 없을 것이다. 이래서 격물, 치지, 성의의 뒤에 오히려 이와 같은 正心의 일단공부가 있는 까닭이며, ……격물치지로 事理가 이미 밝아지고, 성의로 좋아하고 싫어함이 이미 분별되면, 정심으로 심체를 항상 태연하게 할지니, 이것을 해침이 없으면 사사물물을 처리함에 모두 그 조리를 얻을 것이다. 이러고 서도 모든 일이 순조롭지 못하고, 인심이 열복하지 않는 것은 전혀 없는 것인바, 그렇다면 일컫는바 격치성정이란 것이 과연 우활하고 실효가 없는 빈 말이겠는가, 그렇지 아니하고 한갓 智慮와 혈기만으로 억지로 할 것 같으면 비록 우연히 이치에 맞는 것이 없지는 않을 것이나 마치 뿌리 없는 나무와 원천 없는 물과 같이 한 가지 일은 이치에 맞고, 한 가지 일은 이치에 맞지 않을 것이며, 오늘은 좋았던 것이 내일은 좋지 않을 것이다. 이 것은 자기 마음속에서도 항상 쾌활하지 못할 터이니 하물며 다른 사람이 신복하기를 바라리오." ㉙(獨對說話) 라고 하였는데 이는 마음의 지각을 바르게 하지 아니하고는 智의 지각이 온전할 수 없는 까닭에 마음의 본체가 담연허명하여야만 천리를 온전히 간직하는 中의 경지에 도달할 수 있는 것이며, 중을 이루기 위하여는 모든 일에서 옳은 것을 얻을 수 있고, 또 감정의 화평을 실현할 수 있는 和공부를 통하여만 하는 것을 밝히고 있다.

중의 경지에 도달하면, 확고부동한 주체가 확립되었으므로, 그 작용이 모두 인정과 사리에 알맞아 和를 이루게 되지만, 미발의 중을 직접 세울 수 있는 길이 어렵기 때문에 오히려 기발 처를 조절하여 적중시키는 화공부를 말미암아 본체를 확립 시키는 길을 선생은 교시한 것이다.

공부자는 형이하를 배워서 형이상에 도달하는 교육을 하였는데 仁함도 視聽言動을 통제함으로부터 공부가 시작함을 밝혔다. 이것은 모두 외물을 조절하여 내심을 정립하려는 까닭이다. 배우는 사람이 和공부를 하려 할 때에 먼저 사물의 시비와 인정의 선악에 밝아야 하는바 사물의 시비와 인정의 선악을 섞어버린다면 어떻게 和가 이루어지겠는가. 그러므로 중용의 중화공부의 길을 지, 인, 용으로 교시한 것이요, 또한 대학에서 덕을 밝히는 길을 격물·치지와 성의·정심의 공부방법으로 가르친 것이다.

(4) 격 물

格物이란 사물의 원리를 모두 연구하여, 그 실체를 규명하고, 그 작용과 효과를 탐구하여, 현실의 이해득실과 시비선악을 분별하는 것이다. 이러한 지식이 없이는 지성과 인덕과 용기에서 우러나는 성실, 명철한 중화를 이룩할 수 없을 뿐만 아니라 불요불굴한 호연지기의 강대함도 기를 수 없는 까닭에 「대학」에서는 인간의 완전무결한 덕성을 밝히기 위하여는 먼저 격물공부를 주장하였던 것이다.

선생은 격물공부의 중대성을 말하였는바 선생의 평생 독서가 바로 格物窮理의 길이었다.

선생이 말하기를 "격물의 학설은 주선생의 이론이 지극히 상세하다. 후세 사람은 다만 다른 생각 말고 익숙히 읽어야 될 뿐이다. 마음이란 것은 내 몸의 주체요, 理라는 것은 사물에 널려있는 것이다. 이 마음으로 이 물리를 탐구한다는 것이 비록 피·차의 구별이 있는 것 같지만, 그러나 이 마음으로 그것을 연구하지 아니하면 理가 무엇을 말미암아 스스로 밝아질 것인가? 하물며 물(理)과 나(心)는 하나의 理이니 바야흐로 저것을 밝히므로서 곧 이것도 밝아진다고 하면 어찌 서로 교섭하지 않았다고 하겠는가? 이것은 어떤 사람의 말이 잘못 된 것이다. 마음도 또한 물이니 마음의 리를 어찌 연구하지 않으리오만 그러나 다만 이 마음의 이치만을 모두 연구하면 온갖 이치가 모두 통달된다는 것은 바로 안자와 같이 영민한 이라도 또한 이런데 이르지 못하는 것이다. 이는 그대의 고명한 소견으로도 깨달을 수 없는 바 일 것이다.

오직 중간의 어떤 사람이란 한마디 말은 가장 명백한데 그가 말하기를 리와 智가 두 극처에 달통한다고 운운한 것은 바로 「대학」경문에서 말한바 物格이후에 知至한다는 말이요, 바로 주자가 말하는바 사물에 즉접해서 추리하고 연구하여 각각 그 지극한데 도달하면 나의 지식도 또한 두루 두루 정밀하여져서 다하지 아니함이 없다는 것이다. 대저 이 사실을 책보는 데다 비교하면 책은 물이요, 눈은 마음이다. 만일 「중용」책을 본다면 '天命之性'의 첫줄로부터 '無聲無臭'의 끝줄에 이르기까지 읽었다고 할 때 이는 중용책이 다되었고, 또 눈도 보는 것을 그친다. 이때를 당하여 「중용」책이 다했다고 할까? 눈이 다했다고 할까? 그러나 진실로 눈으로 이것을 보지 않았다면 이 「중용」책도 무엇을 말이암아 다한데 이르겠는가! 그러니 소위 물이 스스로 그 지극한 곳에 통달하여 마음과는 서로 교섭하지 않는다고 운운한 것이, 그 득실을 알 수 있는 것이다.

이문순공이 자기로서 자기에게 이르러 간다고 보는 것은 참으로 잘못이다. 그러나 스스로 그 잘못을 이미 깨달았다고 말한 뒤에도 리는 사물이 아니라 지극히 신명한 까닭으로 능히 내가 궁구한 바를 따라서 이르지 아니함이 없다고 말한 것도 또한 주자의 본지에 다름이 있을까 두렵다.

저 리는 體와 用을 가릴 것 없이 그 자체는 情意도 없고, 計度도 없고, 조작도 없는 물이다. 어찌하여 일찍이 생활하고 운동하여 사람을 따라 스스로 그 지극한데 도달할 것이냐! 더욱이 리는 비록 감정과 의지가 없고, 계산과 조작이 없는 물이지만 그 본말과 精粗와 표리는 스스로 있는 것이다. 사람이 그것을 연구할 때 말단을 쫓아서 그 근본까지 극진하게하면 이 리는 이미 다하여 나머지가 없는 것이다. 이것이 일컬은바 물리가 극처에 도달했다는 것이다. 이 물리는 원래 스스로 본말이 있는 것인데 어찌 사람이 그것을 연구한 뒤에야 말단으로부터 근본에 이를 수 있겠는가! 문순의 말이 반드시 이렇게 소략하지는 않을 터인데 반드시 이는 후학이 그 말하는 본의를 밝게 알지 못하고 어그러지게 본 소치일 것이다. ㉚(송자대전권 116 서답박사술별지) 라고하여 사물의 이치를 연구함에는 물과 심을 먼저 분별하고 나의 마음이 물에 즉접하여 그 이치를 궁구할 것을 가르쳤다. 만일 어떤 사람처럼 물리와 심리를 동일한 것이라고 하여 물리에 밝아지면 곧 또한 심리도 밝아진다고 하거나, 퇴계선생이 말한 것처럼 심리가 밝아지면 곧 물리도 밝아진다고 하면 나의 지식이 두루 두루 정밀하여 질수 없다고 지적하였다.

심리와 물리는 궁극적으로 하나의 태극원리로서 동일하지만 만사 만물에 산재한 분수의 이치는 개체마다 本末, 表裏, 精粗를 갖추고 있는 만큼 그 각개체의 원리를 연구하지 아니하고서는 온갖 물리를 모두 통달했다고 할 수 없는 것을 뚜렷이 밝혔다. 이것은 克己하여 博文하고, 博文하여 約禮하며, 約禮하여 復禮하는 斯學의 방법을 뚜렷이 밝힌 것으로 이에 낮은 데로부터 높은 데로 올라가고, 가까운 데로부터 먼데로 나아가는 정직 명확한 수양의 이정표가 확고하게 세워진 것이다.

비근한 사물에서부터 그 원리를 바르게 추리하고 연구하여 고원한 천지에까지 그 철리를 궁리하며 탐구하는 격물 치지공부를 계속하므로서 마침내 그 절대의 진리를 터득할 때에야 온갖 만물의 구체적 실재의 원리와 내 마음의 온전한 실체와 그 작용들이 밝아지지 아니함이 없어 마침내 이치에 밝으면서도 마음이 도에 통하는데 이르는 것이다. 선생은 이와 같은 학문의 길을 밝히기 위하여 물질의 구조를 다음과 같이 밝혔다.

"리와 기는 다만 하나이면서 둘이요, 둘이면서 하나인 것이다. 리를 따라서 말한 것도 있고, 기를 따라서 말한 것도 있으며, 源頭를 쫓아 말한 것도 있고, 流行을 쫓아 말한 것도 있다. 대개 리와 기는 混合融解하여 나눌 수 없지만 리는 저절로 리요, 기는 저절로 기라 일찌기 서로 섞이지 아니한다. 그러므로 리는 동과 정이 있다고 말한 것은 리가 기를 주재한 것을 쫓아서 말함이요, 리는 동과 정이 없다고 말한 것은 기가 리를 운행한 것을 쫓아서 말함이며, 리와 기는 선과 후가 있다고 말한 것은 리와 기의 원두를 쫓아서 말함이요, 리와기는 선과 후가 없다고 말한 것은 리와 기의 유행을 쫓아서 말

함이다. ㉛(송자대전 부록권19기술 한원진기술)

선생은 사물의 구조를 개괄적으로 파악하지 않고 실제 사물의 구체적인 구조에 즉접하여 궁구하므로서 그 보편적인 본질과 특수적인 관계를 모두 드러냈다. 퇴계선생의 리는 동정이 있다는 학설과 율곡선생의 리는 동정이 없다는 학설을 모두 확인하고, 이어 율곡선생의 리기는 선후가 있다는 학설과 화담선생의 리기는 선후가 없다는 학설도 모두 승인하여 先儒들의 衆論이 각각 조리가 있음을 밝히므로서 서로 공격할 필요가 없이 각각 그 학설을 주체하여 넘친 것은 덜어내고, 모자란 것은 보태서 여러 학설을 절충하고, 종래에 우주창조론이 곧 인생론이라고 안일하게 생각하였던 것을 바로잡아 우주창조론과 인물생성론은 함께 논할 수 없는바가 있으니 학자는 우주론을 정립하였을지라도 다시 인생론을 확립할 것을 가르쳐 천도와 인사를 종합하도록 하였다.

선생의 학문이 이와 같이 여러 설을 집약통일하고 세밀한 조리질서를 분석하여 큰 체계를 이룩하므로서 드디어 우리나라 도학의 근핵이 되었다. 이 거대한 체계의 도덕을 한마음에 모두 간직하므로서 조그만한 이 몸이 마침내 우주의 중심이 되어 이 땅에 우뚝서서 뛰어나게 살아감에 있어 아는 바에 의혹이 없고, 간직한 바에 근심이 없으며, 행하는 바에 두려움이 없는 호연한 대인이 되는 사문의 정로를 개척하였다. 즉 物과 心의 한계성을 분별하고, 물리와 심리의 무한성을 함양하는 격물공부의 길은 마침내 우주의 진리가 곧 내마음의 진실임을 체득하는데 까지 이르게 하였다.

선생은 말하기를 "道體가 무궁한데 마음이 도를 함양하였으니 心體도 또한 무궁하다. 그러므로 도를 태극이라 하고, 마음을 태극이라 하는 것이다.…… 과거에 무한한 천지가 있었고, 장래에도 무한한 천지가 있을 것이나 이는 모두 도가운데의 일물이다. 소위 도라는 것은 공간적인 한계가 없고, 시간적인 종시도 없는데 성인은 이미 이

도를 마음속에다 포장하였다. 그러므로 六合밖이라도 생각하면 곧 이르고 선천지나 후천지라도 앉아서 연구 할수 있지만 특별히 성인은 말하지 않을 뿐이다.……과거도 또한 반드시 이와 같았고, 장래도 또한 마땅히 이와 같을 것이다. 그러니 하늘과 땅 사이에 만물들의 통일체는 하나의 태극이요, 3개세계의 천지도 또한 통일체는 하나의 태극이다." ㉜(송자대전 권131 잡저 간서잡록) 라고 하였는데 격물궁리의 극치가 유한한 개체 속에 무한한 진리의 발견에까지 이르러 가야함을 보인 것이다.

인간의 한계상황이란 道體를 모른 소치요, 무한한 도체가 곧 자기 몸의 주재자인 心體임을 자각하면 곧 스스로 무한히 호연할 것이니 어떠한 한계상황인들 활발하지 않겠는가.

이 무한히 호연하고 활발한 인간의 도리를 선생은 다음과 같이 남김없이 말하였다. "자사는 「중용」에서 도체의 큼을 극언하면서도 그러나 반드시 예의 3백조와 위의 3천조로서 이어 받도록 하였으니 이것은 일상생활속의 사물에 있어서 섬세하고 미미하며 자세한 것까지 예절을 갖출 것을 말하는 것으로 대개 도에는 크고 작은 것이 없음을 말한 것이다. 큰 것만을 말하고, 작은 것을 버려두면 저 異端의 허황한데로 들어가지 않는 이가 드물다.

큰 것만을 말하고 작은 것을 버려두는 폐단이 송나라 때 자못 많았던 까닭으로 주자가 힘써 그 폐단을 바로잡으면서 말하기를 호연지기는 規矩準繩의 법도규격에 감히 벗어나지 아니한 가운데 거두어 감추어야 된다. 라고 하고 또 진정한 대영웅은 문득 전전 긍긍하여 깊은 연못에 임한 듯 엷은 얼음을 밟듯 하는 경지를 따라서 갖추어 나오는 것이다. 라고 말하였으니, 학자가 힘써야할 중요한 원칙을 계시함이 지극하고 극진하다. 그러나 이것은 또한 召公이 말한바 조그만한 행실들을 다듬지 아니하면 마침내 큰 덕을 더럽힌다는 뜻을 쫓아 미루어 밝힌 것이다.

공맹 이전에도 그 학문을 의논하는 치밀성이 이와 같았고, 三后가운데도 契이 예로서 사람을 교육하였으니 그 본원이 이와 같은 것이다. 그러므로 그 후손에 이르러 기자는 홍범을 무왕에게 전달하여 주었고, 공자는 도덕을 밝혀 만세를 가르쳤으니, 우나 직의 자손이 모두 미치지 못한 바이다. 이 이론은 참으로 거짓말이 아니다. 자사가 「중용」을 지음에 또한 敎의 한글자로 천명과 率性아래에다 끝맺음 하였는데 그 뜻이 깊은 것이다.〞㉛(〃) 무한히 호연하고 활발한 인간성은 인생의 모든 일에서 한결같이 조리와 질서를 완전히 갖추는 실체임을 깨달아 誠敬의 공부와 도덕의 교육으로 이룩할 수 있음을 지적하였다.

선생은 사물의 원리를 연구하여 지식을 이루어서 본심을 간직하며 천성을 기르고, 마음의 근저를 세밀히 성찰하여 善根을 확충하는 공부로 먼저 「4서」와 「5경」을 정밀하게 읽어 도덕 性命의 성실 명확함과, 인의예지의 효제충신함과, 心意情才의 공경직방함과, 호연지기의 강대불변함과 희노애락애오욕의 조절중화함과, 中正公明의 태평천하함과, 춘추대의의 인류보존함을 알고, 이어서 「소학」, 「심경」, 「근사록」, 염계의 「태극도설」 및 「통서」 명도의 「정성설」, 이천의 「역전」 및 「춘추전」과 「이정전서」, 횡거의 「서명」 및 「정몽」, 소강절의 「황극경세」 온공의 「자치통감」, 주자의 「역학계몽」 및 「본의」, 「대전」, 「어류」, 「가례」와 「포은집」, 「정암집」, 「퇴계집」, 「율곡집」, 「사계집」을 빠짐없이 읽어 천지의 무궁한 의리와 理氣心性의 천갈래 논변을 완전히 풀어 한 치의 의혹이나, 근심이나, 두려움도 없는 인생의 길을 정립하고 마침내는 제자백가의 중설과 「초사」, 「사기」, 韓歐의 古文, 「염락풍아」와 기타 내외명문을 두루 읽어 문사가 순아한데로 돌아가 剛毅木訥의 문법을 체득하였다.

선생의 독서가 정밀, 숙달, 광대한 것은 대개 세상에서 처음이었다. 그러므로 전인이 말하였으니 공자는 여러 성인의 학문을 종합하여 대성하였고, 주자는 여러 현인의 학문을 종합하여 大成하였으며, 宋子는 여러 선비의 학설을 종합하여 大成하였다고 하였다.

대개 우리 東邦 數千年의 聖學에 있어서 理氣 陰陽의 理論과 心性 誠明의 哲學이 우뚝하게 밝혀져서 넘쳐흐르고, 春秋大義의 憲章과 浩然正氣의 敎育이 깊게 뿌리박혀 흔들리지 아니함은 선생의 不朽한 功業으로부터 이룩된 것이라 할 것이다. 대저 學者가 經傳을 깊히 연구한 것은 장차 實用하고자 함이다. 그러므로 선비가 當時의 大義 를 분별하지 못하고 現在의 急務를 헤아리지 못하면 이는 空虛한 이 야기에 지나지 않는다.

天地가 어두워져 天下에 義로운 天子가 없고, 胡虜가 中原을 橫行 할때, 선생은 해와 달처럼 義理를 짊고, 仁愛를 發揮하여 끊어진 世 系를 이어주고, 滅亡한 나라를 일으켜줄 뜻을 굳게 간직하고, 이어서 君父의 怨讎를 갚으며, 國家의 恥辱을 씻는 事業을 계획하였으니 그 붉은 마음의 조각조각 마다 사나운 불길처럼 烈烈하여 참으로 天下 萬世가 길이길이 의지한바 되었은즉 天地鬼神도 진실로 그 위에 이 미 臨하였나니 비록 그때에 成功은 하지 못하였지만 天理를 받들고 人心을 지키는 功勞야 어찌 저버리릴 수 있으랴!

春秋大義는 數十條인바 해와 별처럼 뚜렷한 것인데 王道를 높히고 霸權을 낮추는 것이 그 第一義이다. 王道主義가 밝혀지지 아니하면 天地가 어두워지고, 人類가 禽獸로 轉落하며, 霸權主義를 물리치지 아니하면 사람의 마음이 편벽되고 들떠서 文辭가 邪慝하며, 輕薄한 데로 흘러가 亂臣賊子가 道路에 橫行하게 되어 正人端士가 장차 滅 絶하게 된다. 그러므로 道를 아는 사람은 하루아침에 危急한 일이 생기면 天下의 軍隊를 徵發하고, 義를 아는 선비는 自己의 力量을 돌아보지 아니하고, 決然히 한 몸을 殉節하여, 天下의 忠臣義士로 하 여금 소문을 듣고 일어나기를 希望하는 것이다.

(5) 大　義

선생은 「論大義疏」에서 천하의 대의를 세우고 국가의 급무를 이룩하여 마침내 국맥을 이어서 민족정기를 진작하는 길을 다음과 같이 말하였다. "임진왜란 때에 8로가 모두 끊어지고 수레가 갈 길이 없어, 국내에서 버틸 계책은 이미 무너지고, 도강해야 될 순간이 눈앞에 닥쳐서, 온 나라의 생령도 모두 짓밟혀 아주 결단이 났었습니다. 다행히 명나라 신종이 이에 크게 노하여 천하의 장병을 출동하고, 천하의 재화를 모두 쓰면서 천자의 위엄을 진동하여 떨치니, 凶醜들이 패망하여 물러감으로서 國命이 겨우 연장될 수 있었으나, 왜적이 아직도 영남 한 귀퉁이를 점거하여 때를 타 출몰하므로 우리가 비록 백성을 길러 군대를 강화하고 나라를 부강하게 가르치고자 하였으나 어찌할 수 없었습니다.

정유년에 이르러 흉봉을 다시 들어내니 우리나라의 외로이 살아남은 백성이 어찌 왜적의 흉한 칼날을 막을 이치가 있겠습니까, 국가가 멸망하게 되어 만에 하나도 희망이 없었습니다. 이때에 또 다시 명나라 황제가 매우 안타깝게 생각하여 대병을 거듭 출동시켜주어, 흉봉을 재빨리 쓸어버린 뒤에야, 하늘은 맑고 땅은 평평해서 종묘와 사직이 안정되고 국민이 다시 살아났습니다.

무릇 우리나라는 하나의 머리털, 한줄기의 풀과 나무까지도 신종황제의 덕을 입은 것이 아님이 없습니다. 그러므로 그때에 비록 아무것도 모르는 범상한 사람도 우리의 혈육은 이제 누구의 혈육인가라고 말하지 아니함이 없었는데, 모두 은공에 감동하여 갚을 것을 생각한 것입니다. 하물며 우리 선조의 충성이 그 은덕에 감사하고 보답하려는 생각이야 어떠하였겠습니까! 이런 까닭으로 일찌기 서쪽을 등지고 앉지 않았으며, 또 크게 再造번방이라는 네 글자를 써서 사모하는 정성을 보였습니다. 그러나 광해조에 이르러 홍립과 경서가 심하에서 오랑캐에게 投降할때 密旨가 있었다고 변명하였으니,

그때에 만약 김응하의 戰死가 없이 천자의 큰 포상을 받았더라면, 천하에 어떻게 변명할 뻔 하였겠습니까

이로 말미암아 인목대비가 광해의 죄를 셀 때에 密旨의 사건이 하나의 큰 제목이 되었은즉, 인조가 반정하는 거사는 더욱 천하에 빛나는 것입니다. 불행하게도 정묘년 오랑캐의 변란에 사세 위급하여 드디어 北虜와 강화하는 그때에 만약 윤황 윤형지의 여러 신하가 없었더라면 또한 명나라에 스스로 解明할 길이 없었을 것입니다. …중략…

무릇 신종황제의 깊은 인애와 높은 의기가 이와 같이 지극하였는데 우리나라는 국민이 적고 힘이 약한데다 신하 가운데 제갈공이나 이강같은 충성과 지략으로 죽음으로서 은덕을 갚은이가 없는 바, 오직 은덕을 갚을 수가 없을 뿐만 아니라 이제 도리어 怨讎로서 그 은덕을 갚는 행위가 있었으니, 한나라의 백성들이 어떻게 천지사이에 똑바로 서서 살겠습니까? 이로부터 가뭄과 홍수, 일식과 지진이 없는 해가 없고, 무지개가 태양을 꿰뚫는 변고가 달로 생겼는데, 대개 천리가 없어지고 양심이 사라졌으니 어찌 천심인들 편안하겠습니까!

옛날 胡元이 중국에 들어와서 날고기 먹는 殺戮의 종자들이 요·순·문·무의 강토를 더럽혔는데, 이것은 참으로 천지의 대변이요 고금의 逆德이었던 까닭으로 그때에 하늘이 내린 재앙을 다 기록할 수가 없었습니다. 오늘날 이 醜虜들은 殘惡强暴한 根性이 胡元보다도 심한데, 신성한 지방에 오래 있으면 하늘의 미움이 어찌 극도에 이르지 않겠습니까? 듣건데 중국민족이 당하는 변이의 참혹함이 胡元보다도 심하다고 하니 우리가 그들과 호흡을 같이 한다면, 그 여파가 미칠 것은 당연한 것입니다. 그렇다면 어찌하면 좋겠습니까?

우리는 민족이 적고 힘이 미약함이 이와 같으니, 오직 고통을 참고 원한을 머금어 절박하여 어쩔 수 없는 마음을 몸속에 간직하여, 즐겁고 편안하려는 害毒을 嚴戒하고, 검소와 근면의 진실한 덕성을 이루어, 한결같이 우리 민족을 보호하고 힘써서 선을 하며 임무를 다

하여 우리의 힘을 저축하여서, 저들이 다시는 나오지 못할 때를 기다린다면 자연히 어쩌면 우리의 소원을 이룰 것입니다." (송자대전 권 19 논대의소) 이와 같이 천하의 대의를 명백히 밝히고 동시에 우리의 현실상황에서 갖추어야 될 기본자세와 급무를 뚜렷히 지적하였다.

국가가 비상한때에 처하는 길은 불과 천시를 알고 형세를 깨달아 마땅히 하여야 할 사업에 힘쓰는 것뿐이다. 그러므로 선생은 춘추의 대의를 밝혀서 당무의 급한 것을 다하려고 하는 일이 오직 천리를 밝혀서 民德을 바로잡을 것과, 근검을 이룩하여 국민의 식량을 넉넉하게 할 것과, 정기를 길러 국민과 장병을 강하게 할 것 등에 지나지 않았다.

그러므로 크게는 청나라 오랑캐를 깨끗이 쓸어버리고, 명나라 義主를 일으켜서 본래대로 세우는 것이요. 그 다음계책은 우리나라가 독립하여 청나라와 외교를 끊어버리고 조약을 파기하여, 우리의 의리를 지키고, 항복의 부끄러움을 씻어버리는 것이요, 마지막으로는 불행하게도 일이 어긋나 끝내 어찌할 수 없게 될지라도 장차 우리나라에 수천 년의 정기를 끊어지지 않도록 하는 것이며, 또한 우리 겨레의 심술은 사라지지 않게 하려는 것이었다.

안으로 德政을 베풀어 우리의 힘을 쌓고, 저들의 혼란을 기다림에 있어서 선생이 주장한 內修의 방법도 그 大本 급무가 모두 성왕의 기본 治道로서 마치 강물을 터논 것 같았으니 한갓 공언만이 아니었다. 선생의 「정유봉사」를 보면 누구나 알수 있는 것이므로 이제 그 대요를 열거하면 다음과 같다.

一. 우임금의 우국정신과 탕임금의 애민사상을 본받아 큰 뜻을 가지고 분발할 것.

二. 자신을 공경함이 중대하다는 교훈을 지켜 임금의 신체를 보존하여 지킬 것.

三. 3강5상의 도의를 붙들어 隱密히 명나라의 은덕을 생각할 것.

四. 말이란 누설됨으로서 실패하고, 꾀는 秘密로서 성공하나니 국가기밀의 노출을 엄하게 막을 것.

五. 궁중의 수요를 담당하는 내수사를 모두 해체하고, 그 기능을 내각으로 옮겨 公心으로 사졸을 양성할 것.

六. 剛直한 士氣를 부양하여, 조정의 관리가 각각 체통을 지키면서 일을 처리하게 할 것.

七. 충신의열을 표창하여 국민으로 하여금 禮義廉恥의 절도를 알게 할 것.

八. 大統이 밝혀지지 아니하면 人道가 따라서 어지러워지고, 인도가 어그러지면 나라가 따라서 멸망한다는 사실을 잊지 말 것.

九. 집권자의 부자 형제가 국법을 잘지킨 뒤에 백성이 그것을 본받으므로 종실사람들의 모리를 禁止 시킬 것.

十. 安逸한데서 흐리멍텅하게 놀고, 즐거운데서 흐리멍텅하게 음란하므로 궁중의 雜戲를 痛絶할 것.

十一. 대신을 공경하고 여러 신하를 몸처럼 돌봐 言路를 넓게 열어서 바른 말 한 사람을 죽이지 말 것.

十二. 조정의 백관을 높여 한결같이 염치로 대우하고, 衆心을 모아 사기를 진작할 것.

十三. 삼전도에서 항복한 국가의 수치를 씻지 못하고선 궁실을 장려하게 하는 공사를 하지 말 것.

十四. 군률을 엄중히하여 장졸로 하여금 언제나 용병할 수 있게 할 것.

十五. 천하의 형세도 한사람이 그 근본을 바로잡는데 있을 뿐이니 國士로서 재상을 임명하는 것이 오늘의 긴요한 것임을 알 것.

十六. 신용은 임금의 큰 보배이니 도량형기를 제정하여 오래도록 이용하게 할 것.

十七. 사람의 일이 하늘을 감동케 함이 매우 뚜렷한데 오늘날의 재앙을 추찰하여 해결책을 강구할 것.

十八. 옛날 성왕의 음식과 酒漿은 정승이 관리하지 아니함이 없었으니, 전하도 훈척대신들이 사사로히 구해 바치는 것을 엄금시킬 것.

十九. 주역을 잘 아는 사람은 역리를 말하지 아니한 것처럼 진실로 국권을 회복하려는데 뜻을 둔 사람은 손바닥을 치면서 칼을 어루만지는데 있지 아니한바 폐하는 비밀리에 멀리 도모하고 오래 잊지 아니 하도록 할 것.

이상의 19조는 이에 성왕의 본무요 충신의 常事라 기특한 계책이나 하기 어려운 사업이 아니다. 국가가 비록 비상한 때를 만났으나 이를 대처하는 방법은 오히려 대도정치에 있어 대경대법의 상도임을 명시한 것이다. 이와 같은 대법이 밝혀짐으로서 우리나라 5백년의 士林정신이 이어졌고, 근세 우리민족의 역사의식과 綱常정기가 다시 확립되었다.

선생이 일찌기 말하기를 "형벌을 줄이고 세율을 낮추면, 논을 깊이 갈고 김을 잘 매리니, 그런 뒤에는 몽둥이를 들고서 진나라나 초나라의 굳은 갑옷과 날카로운 병기를 두들겨 부실 수도 있다고 하였다. 우리나라는 비교하건대 초나라에 대하여 비록 제나라처럼 감당하는데 미칠 수는 없다고 하여도 잘 활용하는 것이 옳다. 어찌 그 근본을 다스리지 아니하고, 갑자기 사업의 성공만을 재촉할 것이냐!

송나라가 오랑캐에 대한 것이 우리나라와 다름이 없었는데, 그때 주자는 오히려 우리 힘의 강약을 살피고 저쪽 틈새의 심천을 보아서, 천천히 일어나 도모하라고 말하였으니, 곧 여기에서 그 대의를 알수 있는 것이다."(우암선생 언행록)

선생이 북벌의 대업을 주장한 것은 바로 춘추대의가 야만국가 문화국가를 점령할 수 없고, 금수는 인류와 평등 할수없는 것이 그 제1의요, 원수를 갚아 치욕을 씻는 것이 그 제2의인까닭이다. 제1의는 도덕을 수호하고, 인류를 보존하는 대의요, 제2의는 국가독립을 쟁취하고, 민족정기를 수호하는 책무다 이런 까닭으로 선생은 우리 나라 대학자인 포은, 정암, 퇴계, 율곡의 도덕과 학행을 존양하여 공 맹정주의 도통이 우리나라에 있는 사실을 밝히지 아니함이 없었다.

또한 김청음선생을 스승의 도리로 섬겼고, 중봉선생의 文集을 간 행하며, 이충무공의 비문을 지어 충성을 다하여 죽어간 정신을 표창 하였고, 3학사전과 김응하장군의 비문을 지어 대의에 순절한 것을 밝 혔으며, 임경업 장군의 전기를 지어 그 군인정신을 높이 치하하고, 사6 신과 강화도에서 순절한 제공을 차례로 논하여 드날리지 아니함이 없 었다. 또 민용암전을 지어 그 일문이 정의를 취한 사실을 들어내고, 장 윤전을 비롯하여 김천일, 高從厚, 黃進, 최경회, 이종인 등 여러 사람의 충효에 대한 전기와 마침내 서리 강효원, 포수 이사룡의 전기까지 지 어 모두 襃揚하여 그 의기를 누구던지 알아서 흠모케 하였다.

시비와 선악을 밝게 분별하는 것은 사학의 대의요, 인욕을 막아 천 리를 보존하는 것은 도학의 본무이다. 이런 까닭으로 선생은 평생에 선하고 옳은 것에 대하여는 끝까지 밝히지 아니함이 없었고, 악하고 그른 것에 대하여는 깨끗이 물리치지 아니함이 없었다. 선생이 일찌 기 말하기를 "정치사회에서 당파에 참여할 때에는 군자당과 소인당 을 분별하는 것이 중요하다. 만약 흑백과 시비를 분별하지 아니하고 더럽게 中立無黨이라고 말하면 이것은 大亂之道이다." 라고 하여 정 치사회생활에서 이해득실에 얽매여 시비와 선악을 섞어 버리는 행위 를 크게 꾸짖었다.

선생은 이어서 학문의 길에서도 정통사상을 높이고, 이단사설을 통 렬히 물리 쳤는바 선생이 말하기를 "우리나라의 학문은 문충공 鄭夢 周가 주자의 학문을 尊信함으로부터 비롯하여, 조선왕조에 이르러서 는 儒賢이 배출되어 欽崇 복습하지 않은 이가 없었는데, 문순공 이황 과 문성공 이이에 이르러서는 더욱 뛰어나 아는 것이 명철하고, 믿음 이 篤實하여 참으로 70제자가 공자에게 열복한 것 같았다. 불행하게도 윤휴가 어지러운 시대에 태어나서 처음에는 퇴계와 율곡의 학설을 배척하더니 문간공 성혼은 학자로 치지도 않으면서 책을 저술하여 학설을 만들어 가지고 나에게 보내왔길래 내가 놀라 꾸짖은즉 하늘을 보고 웃고 나선 나를 보고 어찌 족히 알겠는가 라고 하더니만…… 그 뒤에 그는 과연 점점 방사하여 그 편벽과 고집이 이내 주자를 헐뜯는 데까지 이르러 꺼리끼는바가 없더니 이제와선 주자의 주설도 옳지 않다고 하여 자기의 견해로 고치고, 「중용」에 이르러서는 章句를 쓸어버리고 스스로 新註를 내서 그 학도에게 가르치면서 그 끝에다 말을 달아 자기를 공자에게다 비교하고, 주자는 공자의 제자인 冉求에게다 빗대 놨으니, 그 시종 어그러진 것이 이와 같은데 이르렀다.

대저 주자의 도는 해가 하늘 가운데 있는 것 같아 비록 윤휴의 만천 배인들 어찌 한 털끝만치라도 가릴 것이리요만, 그러나 세상의 도덕을 해침은 매우 심각한 것이었다." (宋子大全 권19논대의 仍陳 尹拯事疏) 선생은 주자를 공자다음으로 생각하고 있는데 윤휴가 방자하게도 헐뜯으니 이것은 曲學阿世하는 夷狄禽獸로서 사문세도의 난신적자라 드디어 엄중한 말로 排斥한 것이다. 夷狄을 물리치고 인류를 높히며, 이단을 배척하고 正學을 잡아 세움이 모두 천리를 밝히고, 인심을 바로잡는 원리인 것이다. 선생은 천하의 도를 자임하여 그 말과 행동을 한결같이 古人을 따랐으므로 일찍이 이해와 禍福으로 그 마음을 병들게 하는 일이 없었다.

程朱의 학문은 몸소 격물・치지・성의・정심의 공부로 한 몸을 닦아 호연한 大我를 이룩한 다음 제가・치국・평천하의 사업에서 小宇宙의 사명을 다하여 천지만물의 도가 모두 인생의 의리에서 成就되도록 하는 것이다. 그런 까닭으로 학자로 하여금 마땅히 인간의 본성을 알고 천리를 알아서, 위로 태극과 太虛의 元始로 거슬러 올라가 大中至正의 도를 탐구하게 하여, 治者로 하여금 덕을 알고, 도를 알아서 아래로 민심과 물정의 末流로 파고 들어가 공정 명확한 정치를 이루게 하였다.

「禮運篇」의 대동사상과 「역경」의 開物成務하는 사명과 「춘추」의 대의정신을 이론상으로 자세히 설명하여서 인생의 진정한 의의를 闡明할 뿐만 아니라, 또 다시 해와 달이 하늘에 뜨고, 강하가 땅위에 흐르는 것처럼 뚜렷이 밝혔으니, 周濂溪는 易簡의 易理를 바탕하여 말없이 행동으로 模範을 보일 것을 주장하였고, 程明道는 충신으로 대덕을 확립하고 言辭를 다듬어 정성을 적립하라고 하였으며, 程伊川은 학문으로 지성을 높이고, 誠敬으로 인간성을 涵養하라고 주장하였으며, 朱子는 뜻을 세워 기본을 확정하고, 窮理하여 지식을 넓이며, 힘써 행동으로 實踐하라고 하였으니, 무릇 이는 모두 인간자체를 自覺시켜서 개인의 덕성을 발견하여 고도로 修養시켜 마침내 宇宙가운데 大我의 公理를 실현토록 하는 것이다. 그러므로 모두 氣節이 굉대하여서 인문정신을 크게 향상 발전시켰으니 張橫渠는 「西銘」에서 인류는 나의 동포형제요, 만물은 나의 더부살이라고 하였고, 또 천지를 위하는 것으로 뜻을 세우고, 인류를 보살피는 것으로 사명을 삼아서, 聖賢의 학문을 繼承하고 만세에 태평한 길을 열어주어야 한다고 하였다.

이러한 학문이 한번 일어나자 이를 尊信한 학자들은 質直弘毅한 기상과 실체력행하는 정신을 갖추어 그 재능과 도량이 모두 나라를 경영할 만 하고, 그 기풍과 節操는 모두 세상을 감동 시킬 만 하였는바 비록, 어렵고 괴로운 일이 있다 하여도 절대로 그 배운바를 저버리지 아니하였다. 언제나 民衆의 대변자가 되어 천하의 도덕을 스스로 책임지고, 의논함에 바른말을 서슴없이 하며, 시비와 선악을 뚜렷이 나누어 사람들로 하여금 부끄러운 줄을 알게 하였다.

임금을 섬길 때는 언제나 內治를 먼저 닦아 이룩하고, 외교를 바로잡으며, 軍政을 講究하여 힘써 홍국을 꾀하고, 임금을 聖主의 길로 勸하며, 草野에 있을 때에는 학문을 講習하고 사물을 討論하여 도덕을 밝히고, 禮義廉恥를 몸소 실천하여 교화를 이루었다. 조정에 있으나 草野에 있으나 어려운 일을 勇敢하게 말하여서 임금을 사랑하고 나라를 걱정하는 마음을 항상 간직하였고, 만일 나라가 어려움을 만나면 악세력에 反抗하는 領袖가 되고, 外族侵略時에는 抵抗의 最先鋒이 되어 강개하여 땅을 차고 일어나 怒濤처럼 몸을 날려 천지를 진동시켰으며, 불행히 陷井에 빠져 死刑을 논하면 조용히 창칼 앞에 나아가 추호도 어려운 빛이 없었는바, 그 풍골이 峻峭하므로 한 몸을 희생하여 仁을 이루며, 생명을 버리고 의를 골라잡음이 이와 같았다.

선생의 학문과 사업은 바로 이것을 크게 이룬 것이었으니 잊지 못할진저, 곧 또한 잊지 못하리로다.

● 저자 ●

서정기(徐正淇)

4.19혁명 선봉 및 민족통일전국학생 성대조직위원장
한국유학연구회 유교사상 편집인, 동양문화연구소 연구실장, 성균관 전학(典學)
한국청년유도회 회장 - 예법(관례, 향음주례, 사상견례)부흥운동 전개
동양문화연구소 부소장 및 소장 - 세계 속의 한국학운동 전개
건국대학교 대학원 철학과 박사학위 심사위원
민중유교연합 의장 - 한글제사축문 보급운동 전개
성균관유교진흥대책위원회 위원장 - 도덕성 회복과 새사람운동 전개
성균관유교문화연구위원회 위원장, 태학지 번역분과 위원장, 민주평화통일 자문위원회 상임
위원, 성균관 유교신보 편집인 겸 주간 역임, 삼경역주 성균훈로상 수상, 성균관 태학지 번역
공로상 수상
현 (사)현정회 이사, 동양문화연구소 소장, (사)한국예절교육협회 상임고문, 김동식 장군 기념
사업회 상임고문

• 주요 저서 •

『세계 속의 韓國文化』, 『세계 속의 韓國精神』, 『세계 속의 韓國儒敎』,

『세계 속의 韓國禮節』, 『세계 속의 韓國流風』, 『정통가정의례』, 『민중유교사상』,

『전기소설 공자』, 『새시대를 위한 대학·중용』, 『새시대를 위한 춘추』(상·중·하),

『새시대를 위한 시경』(상·하), 『새시대를 위한 서경』(상·하),

『새시대를 위한 주역』(상·하), 『새시대를 여는 길』, 『根源探索』, 『도학통론』,

『성혼록』, 『김동식 장군』, 『아침햇살 영롱한 대나무 열매』,

『하늘로 날아라 못으로 뛰어라』 외 다수.

세계 속의 한국정신

● 초판 인쇄	2005년 6월 25일
● 초판 발행	2005년 6월 25일
● 저 자	서정기
● 펴 낸 이	채종준
● 펴 낸 곳	한국학술정보㈜
	경기도 파주시 교하읍 문발리
	파주출판문화정보산업단지 526-2
	전화 031) 908-3181(대표)ㆍ팩스 031) 908-3189
	홈페이지 http://www.kstudy.com
	e-mail(e-Book사업부) ebook@kstudy.com
● 등 록	제일산-115호(2000. 6. 19)
● 가 격	11,000원

ISBN   89-534-2480-1 94150 (paper book)
　　　　89-534-2481-X 98150 (e-Book)
　　　　89-534-2428-3 94150 (paper book set)
　　　　89-534-2459-3 98150 (e-book set)